平凡社新書
865

一神教とは何か

キリスト教、ユダヤ教、イスラームを知るために

小原克博
KOHARA KATSUHIRO

HEIBONSHA

一神教とは何か●目次

はじめに

一神教は不寛容か。この問いを投げかけられたとき、あなたはどのように答えるだろうか。相次ぐテロのニュースを耳にする近年、「そうだ、一神教は不寛容だ」と答える声が大きくなっているかもしれない。通常、「一神教」が直接ニュースになることはない。ユダヤ教、キリスト教、イスラームという個別の宗教があり、さらにそれぞれの中には多様なグループが存在している。しかし、日本では、それらをひとまとめにして「一神教」と呼び、論評することが好まれてきた。そして多くの場合、一神教は多神教とセットにして語られる。なぜだろうか。

こうした問いに答えるために、本書では、日本社会で繰り返されてきた一神教批判そして多神教礼賛といった言説に潜む日本文化論の特質に対しても光を当て、異質な他者と向き合う作法を考えていく。日本が自己満足的・排他的ではない仕方で自らの価値観や伝統を語るために、一神教理解は不可欠である。また、現代世界が直面している各種のテロや紛争・戦争を正しく洞察していく上でも、一神教が持つ論理や価値観、その歴史についての知識は重要である。グローバル・アクターとしての一神教の平和・戦争理解を参照しながら、日本の平和主義が負うべき課題も考えたい。

ヘイト・スピーチに代表される不寛容は日本社会でも拡大する可能性がある。異なる価値観や背景を持つ者同士が敵対的な関係になることは、人類史上、何度も繰り返されてきた。これは未完の課題と言えるが、西洋社会や一神教の伝統において不寛容の抑制やコントロールがどのようになされてきたのか、あるいは、どのような失敗をしてきたのかを知ることは、近未来の日本社会に多くの教訓を与えてくれるだろう。日本社会は、自らにとって異質な宗教、一神教を理解しながら、寛容な文化を構築することができるだろうか。対テロ対策や安全保障が強化される時代の中で、互いに対する疑心暗鬼を増大させるだけでなく、むしろそうした息苦しさと距離を置くことのできる他者理解と自己理解が今求められているのである。

本書では、一神教としてユダヤ教、キリスト教、イスラームを取り扱う。これまで、それぞれの宗教についての入門書や専門書は数え切れないほど著されてきた。したがって、それら個別の宗教について知りたい場合には、既刊の文献が大いに役立つ。では、類書にない本書の特徴はどこにあるのか。それは「間」を見ることにある。一神教相互の「間」、一神教と現実社会との「間」、一神教と日本社会との「間」である。それぞれの「間」は、緩衝地帯によって緩やかにつながっている場合もあれば、大きな緊張を伴っている場合もある。

三つの一神教の教義や聖典の相違点・共通点に関心がある読者もいるだろう。もちろん、本書は教義や聖典の重要な事柄を対象とするが、それらを網羅的に扱うことはしない。ユダヤ教とキリスト教の関係に関しては、すでに十分な量の論考が著されてきた。また、それと比べればまだ少ないとはいえ、キリスト教とイスラームの教義や聖典レベルでの比較についても、よい翻訳書が現れてきている（L・ハーゲマン『キリスト教とイスラーム――対話への歩み』、J・グニルカ『聖書とコーラン――どこが同じで、どこが違うか』）。たとえば、ユダヤ教とイスラームが堅持する唯一神信仰と、同じく唯一神信仰を主張するキリスト教の三位一体《さんみいったい》論の関係は、教義レベルでは論じる価値があるが、一神教と現実社会の「間」に目を向けようとするとき、この議論は必ずしも最優先すべき事柄ではない。

つまり、本書では、狭い意味での「神学論争」に拘泥するのではなく、むしろ、我々が生きている社会に直接・間接に影響を与えるテーマに積極的に目を向けたいと考えている。

その作業の中で、それぞれの一神教の聖典に言及することになるが、本書で使う表記について確認しておきたい。一般によく知られているのは、キリスト教が使う「旧約聖書」「新約聖書」であろう。「旧約聖書」はユダヤ教の聖典に対応するが、ユダヤ教にとって「聖書」は端的に「聖書」であり、旧も新も存在しない。本書ではそれを明確にするために、ユダヤ教の聖典を「旧約聖書」ではなく「ヘブライ語聖書」と呼ぶ。この呼び方は、学問の世界でも近年、一般的になっている。本書で「聖書」を引用する際には、日本聖書協会『聖書――新共同訳』を用いている。コーラン（クルアーン）はアラビア語で記されており、アラビア語原典が唯一正統性を持つが、本書では、ムスリムの間で比較的広く用いられている日本ムスリム協会『日亜対訳注解聖クルアーン』を用いている。

「間」から何が見えるだろうか。そこから見える光景は、現代社会が抱える様々な問題を映し出している。「間」から見える光景が、必ずしも平和と寛容にあふれたものでないとすれば、なぜ平和や寛容が損なわれてきたのかを歴史的にたどりながら、同時に近未来社会において、それを少しでも実現していくために、どのような視点が必要なのかを考えていく必要があるだろう。大きな課題ではあるが、本書を通じて、この課題を共に考えていただければ望外の喜びである。

第一章　日本文化論としての一神教批判

1　日本は寛容なのか

宗教的寛容の国際比較

日本は宗教に対する寛容度の高い国であると一般的には考えられている。それはデータによっても裏付けられる。欧米では、宗教的寛容（非寛容）に対する調査が定期的になされており、その一つにアメリカの調査会社ピュー・リサーチ・センターによる報告書「宗教的制限と敵意の最新動向」がある。これは宗教に対する「政府による制限」と「社会的な敵意」を数値化し、国際比較したものである。そのいずれの指標においても日本は非常に低い数値を示しており、結果として、宗教的な寛容度が高い国であるとされている。

「政府による制限」が高い国としては中国、イラン、エジプトなどが挙げられており、特定宗教に対する「社会的な敵意」が強い国としてインド、バングラデシュ、パキスタンなどが挙げられている。

確かに、これらの国々と比較して考えれば、日本は政府による宗教の取り締まりが強くなく、また、現時点では、特定宗教に対し、強い敵意や嫌悪感が示されているわけではない。オウム真理教地下鉄サリン事件（一九九五年）直後、オウム真理教に対し「破壊活動防止法」（破防法）の適用（解散命令）が検討されたが、今後の危険性という判断基準を満たさないという理由により、結果的に適用は見送られた。もちろん、被害者を筆頭に、多くの人がそれに異論を唱えたが、破防法の適用は信教の自由の抑圧につながる、という慎重意見も強かった。

戦前、神道的イデオロギーを中心とする国家形成や教育、戦争への動員が行われたこと、反国家的と見なされた宗教に対する弾圧がなされたことへの反省もあって、戦後日本の社会や公教育から宗教的要素が排除される一方、宗教活動を強く管理・抑制する政策は取られなかった。これが現代日本の宗教的無関心と、それに基づくと言ってよい宗教的寛容の背景となっている。宗教に対する特別なこだわりをもたないがゆえに、結果として寛容な社会状況が形成されている。

もちろん、社会の寛容度が高いかどうかは比較の問題であり、日本においても寛容とはほど遠いヘイト・スピーチを含むヘイト・クライム（憎悪犯罪）が現れてきていることは看過できない現実である。ヘイト・クライムは、人種や宗教など特定のアイデンティティをターゲットにして行われる犯罪的行為であるが、表現の自由とヘイト・スピーチの境界線は必ずしも明確ではないため、それを慎重に見極める力が必要とされる。こうした課題が決して些末《さまつ》な事柄でないことは、ヨーロッパにおける預言者ムハンマド風刺画事件（二〇〇五年）やシャルリー・エブド襲撃事件（二〇一五年）のことを考えるだけで十分であろう。

日本は、外国人労働者の数や、宗教の構成に関して、ヨーロッパ社会とは異なるので、同様の問題がすぐに起こるわけではない。しかし、少子高齢化が進む日本社会を維持するためには、外国人労働者の手助けが必要と言われており、実際、日本に定住する外国人の数は着実に増加している。こうした変化を背景として、「多文化共生」という言葉も用いられるようになってきた。

「多文化共生」の実態

「多文化共生」という言葉が、公的な場に登場し始めたのは、総務省が二〇〇五年に「多文化共生の推進に関する研究会」を設置し、翌年、研究会の報告および報道資料「「多文化共生プログラム」の提言――地域における外国人住民の支援施策について」が発表された頃であろう。この報道資料の副題にもあるように、多文化共生がテーマ化される背景の一つに、地域における外国人住民の増加がある。これらの報告書や報道資料が想定しているのは、日本社会における今後の人口減少に伴い、外国人労働者が増加するという状況であり、そのために必要な社会的枠組みとして「多文化共生」が語られている。また、日本政府だけでなく、地方行政も多文化共生に対し、積極的な取り組みを始めている(毛受《めんじゅ》敏浩『自治体がひらく日本の移民政策――人口減少時代の多文化共生への挑戦』)。今後、増加の中心となる外国人労働者には、フィリピン(カトリック)、マレーシア・インドネシア(イスラーム)など、一神教を背景とした国々の出身者が含まれており、そうした人々をただ労働力として見るだけではなく、彼ら・彼女らの持つ価値観や信仰に対しても一定の配慮ができることが、長期的な視点で多文化共生を考えるとき必要となるのではないか。

多文化共生の理念は、文字通り端緒についたばかりであり、日本は寛容な社会なのだから問題ないとは考えない方がよいだろう。たとえば、政治学者のジョルジオ・シャーニーは、宗教と人間の安全保障をテーマとした著書の中で「多文化共生？ 日本における民族ナショナリズムと人間の不安」という一章を割いて、多文化共生の理念に反するように見える日本社会の現実や新しい動向について論じている（Giorgio Shani, *Religion, Identity and Human Security*）。そこでは、在日韓国（朝鮮）人・中国人および被差別部落民に対する差別の実態や、三・一一東日本大震災（二〇一一年）以降高まってきたナショナリズムなどを取り上げ、これらが生み出す「不安」の中に「多文化共生」の言説を位置づけている。理念先行になりがちな多文化共生論に対し、過去から現在に未解決のまま持ち越されている社会の問題を対置させることは、慢心に陥《おちい》ることなく現実的な対応を考える上で重要である。現在、うまくいっているように見える事柄も、不安を引き起こす事件が起きることによって、潜在する問題が一気に露呈する場合がある。その具体的な事例を、私の経験から紹介したい。

外国人労働者からムスリムへ

私がドイツに留学していた一九八〇年代終わりから一九九〇年代初めにかけて、いくつかの大学の神学部でイスラームの授業がカリキュラムに組み込まれ始め、私も、その最初の学生として、それらの授業を履修した。トルコ移民を中心とするムスリム住民の増加に伴い、様々な軋轢《あつれき》が生じ始めていたことが、その背景にあったと考えられる。ドイツでは宗教改革の時代から、イスラームに対する敵対的な感情があったため、それを現代において再現しないためにも、キリスト教とイスラームの相互関係に対する学問的関心があったと言える。実際の授業でも、イスラームやクルアーンを教えるものだけでなく、キリスト教や聖書との関係を扱うものもあった。また、この時期を境に、キリスト教とイスラームの関係を論じた専門書が続々と刊行されてきた。

こうした変化には、その前史と、それに続くさらなる変化がある。前史とは、第二次世界大戦後のキリスト教とユダヤ教の関係である。ドイツではホロコースト（ユダヤ人の大虐殺）への反省を踏まえた宗教教育が徐々に整えられ、未曾有《みぞう》の悲劇は、まさに両宗教の関係の機能不全が引き起こしたという認識のもと、両宗教の関係の再解釈・再構築に大きな教育的エネルギーが注がれた。これはイスラームとの対話に先立つ宗教「間」教育（研究）と言えるだろう。

ところが、こうした宗教間教育がなされてきた一方で、九・一一同時多発テロ事件（二〇〇一年）以降、ドイツ国内におけるムスリムへの態度は一変することになる。それまで一般的には「外国人労働者」として見られていたトルコ人たちが、突如として「ムスリム」という視角から見られるようになったのである。

九・一一のしばらく後にドイツを訪ねる機会があった。そこでドイツ在住トルコ人から聞いた話は衝撃的であった。イスラームやモスクのことを地域住民に知ってもらうために、トルコ料理などを振る舞うオープン・モスクを長年開催してきて、毎年、盛況であったという。ところが、九・一一以降、オープン・モスクへの来客が激減したのだ。同じトルコ人が、突如として、その宗教的アイデンティティを強調して見られるようになり、結果的に「危ない」隣人というレッテルを貼られるようになった。

九・一一以降のこうした変化は、ドイツだけでなく、多かれ少なかれ、ムスリム移民を抱えた他のヨーロッパ諸国においても見られた。その帰結として、二〇一〇年から翌年にかけて、ドイツのメルケル首相、イギリスのキャメロン首相、フランスのサルコジ大統領

（いずれも当時）らが、立て続けに多文化主義の失敗を表明することになった。こうした混迷と緊張の中で、ヨーロッパにおける多文化主義や移民政策は困難な歩みを進めているが、それゆえに一神教間の相互理解は大きな社会的ニーズがあるとも言える。それは非ムスリムがイスラームについての基本的な理解を持ち、誤解や偏見を避けるためだけでなく、ムスリム移民の子どもたちがラディカルなイスラーム思想に吸引されないためにも必要なことである。

こうしたヨーロッパの状況に対し、現在の日本では緊張感を伴った宗教間の対立は存在していない。しかし、多文化共生の実態がまだ十分には見えていないこと、また、今後の社会の変化を考慮するなら、日本における歴史的経緯を踏まえながら、一神教との向き合い方を考え始めるべきだろう。そうした作業を通じて、日本文化の特質や課題も見えてくるに違いない。

2　日本社会から見た一神教

日本は「沼地」か?

一神教の歴史やその特徴については、次章以降、述べていくが、ここではまず、日本人が一神教をどのように受けとめてきたのかを見ておきたい。日本社会にとって、一神教との最初の出会いは、一六世紀、フランシスコ・ザビエルら西洋の宣教師によってもたらされたキリスト教(カトリック)との遭遇であった。外来の宗教としては、六世紀に到来した仏教があるが、インド由来の仏教が中国や朝鮮半島などアジア的なフィルターを通過して、日本にやってきたのに対し、キリスト教は西洋から直接にもたらされた、文字通り「異質な」宗教であった。しかし、その異質さは、日本人がキリスト教に関心を持つことを必ずしも妨げなかった。一七世紀初頭にキリシタンは最盛期を迎え、全国に七〇万人もの信者がいたと言われている。一部の大名を除けば、その多くは農民であったが、キリスト教が民衆の中に根を下ろしていたことがわかる。しかし、それゆえに徳川幕府は西洋諸国からの影響に加え、国内におけるキリシタンの増大に神経をとがらせ、弾圧を強化していった。このように、民衆レベルでは必ずしもキリスト教の「異質さ」は受容の妨げにならなかったが、政権の視点から見れば、この「異質さ」は監視・弾圧の対象とする必要があったのである。
では、キリスト教に代表される一神教は、現代においてどのように見られているのだろうか。その一例として、著名な宗教学者が「一神教」について記した事典の項目を取り上げてみよう。

原始宗教と高等宗教の別なく、一神をたてて崇拝する宗教をいう。……一神教は一般に神と人間のあいだの断絶を強調するが、それは一神教の起源が砂漠に関係があることによるとされている。自然的景観の荒涼たる砂漠では、地上から超絶する天上の神が祈願の対象とされたからである。この砂漠の一神教は農耕社会に基盤を有する多神教と対比されるが、しかし歴史的には農耕文化との接触によって偶像崇拝や多神教的な要素をとり入れていった。たとえばカトリック教会やギリシア正教会がそうである。なお日本では、近世以降流入したキリスト教の信徒（キリシタン）は、多神教的風土の厚い壁にはばまれて、人口の1％を超えることがなかった。（山折哲雄「一神教」『世界大百科事典』第二巻、平凡社、四三〇頁）

この説明は一般の日本人にとって納得しやすいものだと思われる。一般に流布している一神教理解を反映した文章だと言えるだろう。しかし、細かく見ていくと、多くの問題点を見出すことができる。ここではその詳細を述べることはせず、三点だけ指摘しておきたい。一つは、一神教と砂漠を結びつける「風土論」である。自然環境が人間の精神活動に影響を及ぼすことを否定する必要はないが、砂漠だから一神教、農耕社会だから多神教とは簡単には言えない。一神教が誕生した古代オリエント世界もアラビア半島も砂漠ではあるが、もともとは多神教が支配的であった。風土論の危うさは、この反証事例一つで十分だろう。

二つ目の点であるが、カトリック教会や正教会が偶像崇拝や多神教的な要素を取り入れたという記述は、聖者崇敬（聖母マリアや聖人に対する崇敬）などを指していると思われる。しかし、これも議論の余地がある。少なくとも、カトリックや正教会の立場からすれば、自らの特徴を偶像崇拝や多神教の受容としては考えないだろう。

三つ目は、日本の多神教的風土が本当にキリスト教を阻んだのかという点である。日本と同様の多神教的風土を有している北東アジアにおいてキリスト教が十分に受容されていることを考えると、この主張にも疑問を付すことができる（韓国では人口の約三割がクリスチャンであり、中国でもキリスト教人口の伸張が著しい）。なぜ日本社会ではキリスト教人口が少ないのか、という問いは、日本のキリスト教内部においても近代以降、繰り返し問われてきたが、少なくとも一般的には、日本は一神教が根付かない独特の風土を有していると考えられてきた。

たとえば、遠藤周作の『沈黙』（一九六六年）では、棄教した宣教師フェレイラが次のように語っている（相手は、元同僚のロドリゴ神父）。

「この国は沼地だ。やがてお前にもわかるだろうな。この国は考えていたより、もっと怖ろしい沼地だった。どんな苗もその沼地に植えられれば、根が腐りはじめる。葉が黄ばみ枯れていく。我々はこの沼地に基督教という苗を植えてしまった。」（遠藤周作『沈黙』二三一頁）

遠藤は西洋のキリスト教に違和感を感じ、自分自身の身の丈に合ったキリスト教を求めたが、決して風土論者ではなかった。しかし、キリスト教が根付くことを阻む「沼地」として日本を語ることによって、西洋的なものと日本的なものの違いに光を当てようとしたと言える。

先の「一神教」についての事典項目に示されていたように、一神教と多神教を対比的・敵対的に語ることは、いわゆる「日本人論」の一部として繰り返されてきた。そして、それは戦後になって現れてきた言論にとどまらない。日本にとって異質な考えを敵視・排除する伝統は、江戸時代のキリシタン弾圧や耶蘇《やそ》論駁《ろんばく》（キリスト教批判）にまでさかのぼる長い歴史を有している。そこで次に、現代における典型的なパターンをさらに見ることによって、私たちにとっての課題を考えてみたい。

一神教と多神教をめぐる議論

一九八〇年代後半以降、現代に至るまで、日本文化の専門家たちによって繰り返されてきた論調の一つを紹介する（その他の事例と分析については拙著『宗教のポリティクス――日本社会と一神教世界の邂逅』第四章を参照）。

私は、かつての文明の方向が多神教から一神教への方向であったように、今後の文明の方向は、一神教から多神教への方向であるべきだと思います。狭い地球のなかで

諸民族が共存していくには、一神教より多神教のほうがはるかによいのです。（梅原猛『森の思想が人類を救う』一五八頁）

一神教より多神教を優位に考える同様の論調は、九・一一以降、いっそう強まってきた。イラク戦争やそれに起因する対テロ戦争は日本の安全保障論議にまで影響を及ぼしているが、こうした二一世紀的文脈の中でも、一神教はおおむね否定的なイメージを与えられてきた。日本ではキリスト教はアメリカのイメージと結びつけて考えられがちなので、キリスト教も、イスラーム過激派に勝るとも劣らず好戦的な宗教として受け取られることが少なくない。

さて、そもそも「諸民族が共存していくには、一神教より多神教のほうがはるかによい」のだろうか。寛容な多神教社会と言われる日本で、凄惨なキリシタン迫害が行われたこと、あるいは、多神教の代表格とされる神道の中には、近代において、国内外で他宗教に対し排他的な態度を取ったものが少なくなかったこと、とりわけ戦時下の大東亜共栄圏における神社参拝の強要などは、多神教＝寛容というイメージの反証事例となる。また先述のように、古代オリエント世界、中東、地中海世界は元来、多神教をベースとする文化圏であったが、そこにおいて諸民族が共存し、紛争・戦争が少なかったとは到底言えない。

他者との出会いと新しい自己理解

こうした事例は事実として認識しておく必要はあるが、一神教は多神教より「まし」と論じるために使うべきではない。問題は、一神教と多神教のどちらが優れているかではない。こうした議論が引き起こす単純化作用によって、それぞれの宗教にある多様性や変化の側面に視線が向かなくなることが問題なのである。得体の知れないもの、直視できない対象に対し、人はしばしば単純なレッテルを貼り、恐怖を低減しようとする。日本社会においてキリスト教や一神教はまさにそのような対象であった。

しかし、この種の問題はキリスト教や一神教を敵視する側だけにあるわけではない。多くのキリスト教宣教師や日本人クリスチャンは、日本宗教の多様性に関心を向けることなく、それらを「偶像崇拝」「異教」「多神教」として一括りにして批判してきた。キリシタン時代においては、単なる批判にとどまらず、宣教師が主導し、偶像崇拝の根絶の名のもとに神社仏閣の破壊が行われた（高瀬弘一郎『キリシタンの世紀——ザビエル渡日から「鎖国」まで』一六二頁）。こうした相互の単純化が「一神教と多神教」をめぐる議論の前史に存在しており、結果的に、双方が向き合うことを阻害してきたと言える。

このような現実を顧みることなく、日本のクリスチャンが、キリスト教こそ平和な宗教であり、他の一神教と「兄弟」扱いして欲しくない、日本宗教とは対話する価値もない、という優越感を持ち続けるなら、西洋キリスト教と同じ轍《てつ》を踏むことになるだろう。キリスト教が、ユダヤ教やイスラームと兄弟宗教であることを否定し、対話を怠った帰結を、私たちは近現代の西洋社会の中に、時として悲劇的な形で見出すことができる。ホロコーストや、現在、ヨーロッパ各国で高まりつつあるムスリム移民への排他的運動を例に挙げるまでもないだろう。

聖書の中に次のような一節がある。「あなたは、兄弟の目にあるおが屑は見えるのに、なぜ自分の目の中の丸太に気づかないのか」(マタイによる福音書七・三)。こうした言葉を、キリスト教がよい意味での自己批判のために用い、その歴史と伝統に刻まれた優越感と、それに基づく暴力性を自覚することから、新しい自己理解と他者理解が生まれてくるに違いない。一神教、多神教、どちらの立場に立つにしても、他者を蔑《さげす》むことによって成り立つ自己理解は決して健全なものではない。

3　「大きな物語」としての一神教

「大きな物語」の解体?

さて、ここまで日本社会における一神教の位置づけを見てきたが、それをさらに世界史的な文脈の中に位置づけることにより、日本文化の輪郭の一部を描き出してみたい。

我々が生きている時代や世界の特徴を描写するのに様々な言葉がある。近年はやりの言葉の一つはグローバリゼーションであるが、その他、国際化、近代化、世俗化、多元化等、枚挙にいとまがない。しかし、いずれにも共通するのは、広範囲に及ぶラディカルな変化であり、近代以降の現象だという点である。西洋から見れば、近代は人間の理性や合理性に全幅の信頼を置きつつ、人類および文明の進歩を夢見た時代であった。しかし、近代の理想を支えた「大きな物語」（マスター・ナラティブ、メタ物語）は、二度の世界大戦の災禍を経て破綻《はたん》していく。フランスの哲学者ジャン＝フランソワ・リオタールによれば、啓蒙主義に端を発する、人間理性による社会の発展や、科学技術や資本主義による進歩・富の蓄積といった「大きな物語」は、もはやその信用を失っている。その不信感を前提とした新たな時代を、リオタールは「ポスト・モダン」と位置づけた（『ポスト・モダンの条件――知・社会・言語ゲーム』八―九頁）。

時代の変化に対するこうした説明は、西洋近代に対する自己批判として傾聴に値するものである。確かに、宗教の世界に目を向けても、中世カトリックのような巨大な統治システム、言い換えれば、「大きな物語」の単一の担い手は、この世界に存在しない。伝統宗教が持っていた求心力は、ほとんどの国において低下しており、多くの人々は、伝統宗教に帰属することなく、自分自身に合った宗教性やスピリチュアリティを求める。すなわち、今日の宗教性は、個人別にカスタマイズされた「小さな物語」の集合体であると言える。これをポストモダンにおける宗教のあり方の一側面として理解することができる。

二つの「大きな物語」

しかし、本当に「大きな物語」は崩壊したのだろうか。確かに、個人主義は拡大し、宗教の多元化も進展している。ところが、なおも地球規模の影響力を行使している「大きな物語」が存在しているという指摘がある。たとえば、アメリカ外交の専門家ウォルター・

ラッセル・ミードは、ポストモダニストたちの主張を踏まえた上で、現代世界には二つのメタ物語（マスター・ナラティブ）があると指摘する（『神と黄金――イギリス、アメリカはなぜ近現代世界を支配できたのか』［下］九〇―一二九頁）。それは、すなわち、アブラハム（一神教）の物語と資本主義・進歩主義の物語であり、両者は緊密に関連しているという。一神教や資本主義の内部には、膨大な多様性があり、また、亀裂とも言えるほどの価値観の対立があることを十分に踏まえることが必要であるが、昨今の世界の情勢を顧みるとき、この二つの要素があたかも「大きな物語」であるかのごとき影響力を及ぼしていることは認めざるを得ないだろう。

物語は時として人を魅了し、行動に駆り立てる。IS（イスラム国）などイスラーム過激集団が、社会に対する不満を抱えた若者たちに語りかけ、インターネットを介して世界中に拡散される物語は、その力を侮《あなど》ることができない。今なお、その影響力に決定的な歯止めをかけることができないでいるということは、彼らの物語に対抗できる物語を世俗社会が持ち得ていないということであろう。個人化した「小さな物語」が蔓延《まんえん》する時代において、暴力と破壊を誘発する「大きな物語」が、なぜ人々を魅了するのか考える必要がある。

その課題は決して他人事《ひとごと》ではない。近代日本は資本主義・進歩主義の物語に自らの一章を付け加えようとして、富国強兵の道を突き進み、その思想的基軸として、西欧の一神教的価値観を過剰とも言えるほど意識した対抗イデオロギーを構築してきた。そのプロセスに宗教が深く関わったことは言うまでもない。そして、このような大きな流れは、戦後という区切りによって途絶えたのではなく、形を変えて現在にも受け継がれている。

ナショナルな物語に対して

日本宗教や日本文化が近代以降、しばしば敵対視してきた「大きな物語」としての西洋やキリスト教、さらには現代の一神教世界に対し、より生産的な関わり方を見出すことはできないだろうか。地球人口の過半数を一神教徒が占める以上、その現実を頭ごなしに否定しても、何ら問題解決にはつながらない。むしろ、一神教世界に説得力をもって伝わるメッセージとそれを支える信頼関係を作ることが、日本には求められているのではないか。これからの取り組みのために、あらためてその意義を受けとめたい文明観を、中国文学者・竹内好《よしみ》から引用する。

西欧的な優れた文化価値を、より大規模に実現するために、西洋をもう一度東洋によって包み直す、逆に西洋自身をこちらから変革する、この文化的な巻返し、あるいは価値の上の巻返しによって普遍性をつくり出す。東洋の力が西洋の生み出した普遍的な価値をより高めるために西洋を変革する。これが東対西の今の問題点になっている。これは政治上の問題であると同時に文化上の問題である。（『竹内好全集』第五巻、一一四—五頁）

これは確かに大胆な構想であるが、自文化中心主義に陥らず、また他者としての西洋に迎合したり、西洋を貶《おとし》めたりすることなく、洋の東西を超えた「普遍性」を求めている点において、二一世紀におけるチャレンジングな「物語」の序説として受けとめてもよいのではなかろうか。ナショナリズムや、それを鼓舞するポピュリズム（大衆迎合主義）が、昨今、多くの国で興隆しつつある。日本も例外ではない。日本宗教の固有の役割を意識することは重要であるが、同時に、それが独善的な形で「日本的なもの」の語りに陥らないように、言い換えれば、ナショナルな物語や文化ナショナリズムへと転化しないように気をつける必要がある。

一神教に限らず、仏教をはじめとする多くの宗教は、国家の領域を超えるトランスナショナルな運動として各地に広がっていった。もし宗教が、グローバルとナショナルの間にある緊張感を冷静に見据え、その両方に貢献できるビジョンと倫理を物語ることができれば、新たな存在意義を見出すことになるだろう。

異質なものとの出会いとイノベーション

竹内が望み見た、異なる文明・文化の創造的な出会いは、決して夢物語ではない。イノベーションとも言える革新的変化は、しばしば、異質な価値が出会うことによって引き起こされてきた。現代の大学や学問体系も、その一例である。

現代の大学の起源は一二世紀の中世ヨーロッパにある。当時の大学は、「有用な学」とされていた神学・医学・法学を含む上級学部と、自由学芸（リベラルアーツ）学部から構成されていた。リベラルアーツは古代ギリシアに端を発する知の体系であり、自由七科、すなわち、文法学・修辞学・論理学・代数学・幾何学・天文学・音楽からなる。今の言葉で言えば、最初の三つが文系、次の三つが理系、最後の音楽が芸術一般にあたり、これらを合わせて学ぶのが大学教育の基礎とされた。

リベラルアーツを含む古代ギリシアの知見はヨーロッパでは忘れ去られて久しかったが、一一世紀にイスラーム圏から、翻訳を通じて古代ギリシアの学問がヨーロッパに再流入することになった。そして、既存のキリスト教の伝統と新たなヘレニズム（ギリシア思想）の伝統との出会い、言い換えれば、宗教性と世俗性との緊張感ある出会いが、知の化学反応を引き起こし、リベラルアーツの復興だけでなく、大学システムそのものを生み出していったのである（吉見俊哉『大学とは何か』二四二頁）。これが一四世紀のルネッサンスにつながっていくことは言うまでもない。

それから何世紀もの時を経て、とりわけ一九世紀後半以降、学問は細分化、高度専門化を続け、諸分野を関係づけることが、きわめて困難になっている。学問の専門領域が相互にコミュニケーション不全に陥っている時代において、多神教と一神教のどちらが優れているのかといった従来の議論を繰り返すことは、まったく生産的ではない。自らにとって異質なものと向き合うことによって、新たな文化的・知的フレームワークを構築することを遠い目標として定めながら、次章以降、一神教に対し多様な角度からアプローチしていきたい。

第二章　一神教の起源と展開——グローバル・アクターとしての一神教

1　「一神教」とは何か

新しい概念としての「一神教」

　ここまで、特別に定義することなく、「一神教」という言葉を用いてきたが、これから少しずつ、その細部に立ち入っていくので、どのようにして、この言葉が使われるようになってきたのか、その起源や歴史的背景について整理しておこう。

　一般的な用語法としては、ユダヤ教・キリスト教・イスラームを総称して一神教であると答えることもできる。しかし、これらの宗教に関連する問題を深く理解していこうとするなら、このような答え方だけでは不十分であるだけでなく、相互の違いや多様性を見えなくしてしまう点で問題である。単なる総称としての「一神教」理解にとどまらず、もう一歩踏み込んだ視点が求められる。

問題の一つは、一神教という概念の「新しさ」にある。聖書の歴史から考えるなら、すでに数千年にわたる伝統を持っているかのような一神教概念は、実は、近代において考案された新しい言葉である。すなわち、その言葉は、近代の西欧社会という文脈と結びついているのであり、その点を無視すると、対象を描写するスタンスに無自覚である結果、実像を正しく見ることができなくなってしまう。

一神教という日本語は、モノセイズム（monotheism）に対応する訳語である。そのモノセイズムという語の成立・普及は近代に入ってからであり、文献的には一七世紀、ケンブリッジのプラトン主義者ヘンリー・モアによって、キリスト教に独自な神論として導入されたことが確認される。

一神教という概念が必要とされ、また、それが後の議論で繰り返し言及されてきた背景にあるものは何であろうか。キリスト教が唯一の神を信じる宗教であることを言いたいだけであれば、新しい語を作るまでもなく、それに対応する表現を、すでにある様々な伝統の中から借用すれば事足りる。つまり、一神教という概念は、単なる自己表現として考案されたのではなく、比較のための道具として用いられてきたのである。日本人にとってもなじみのある比較を挙げれば、「一神教と多神教」という比較が、その一つである。近代になり、交易の拡大と共に、様々な世界の宗教についての知識が流入していく中で、他の宗教と比較して、キリスト教の独自性さらには優位性をいかに説明することができるか、という点に関心が及んでいったことは想像に難くない。

また同時に西欧社会内部における潜在的な緊張関係もここで指摘しておくべきだろう。つまり、西欧の国々は、カトリックであれ、プロテスタントであれ、キリスト教を歴史的な背景として持ちながら、少数派としてのユダヤ教徒、そして、脅威としてのイスラームを比較的身近なものとして感じ続けてきた。それゆえ、共通要素を多く共有することを知りながらも、一神教カテゴリーの中で、キリスト教こそがより完成度の高い（救いが約束された）一神教であるという、近親的な競争原理が働いていたと言うこともできる。

モノセイズムの系譜

ところで、ユダヤ教・キリスト教・イスラームを総合的に見るための用語として、「モノセイズム」は十分な妥当性があるのだろうか。モノセイズムは、ギリシア語由来の言葉であり、「単一」「唯一」の意味を持つ接頭語「モノ」と、「神」の意味を持つ「テオス」の複合語（新造語）である。興味深いことに、多神教（ポリュテイア）とその関連語は古典ギリシア語に用例を見出すことができるのに対し、一神教や唯一神教に対応する言葉は存在しない。そのことは「テオス」という言葉が持つ包括性と関係がある。テオスは、一と多を同時に含む、きわめて包括的な言葉であると言えるだろう。別の言い方をすれば、ギリシア人たちは「神」が単数であるか複数であるかには無頓着であった（本村凌二『多神教と一神教――古代地中海世界の宗教ドラマ』一八五頁）。

キリスト教がパレスチナ世界から、ボスポラス海峡を渡って、ギリシア・ローマ世界へと伝搬されていく中で、主たる使用言語はギリシア語（より正確には、コイネー・ギリシア語）になっていった（新約聖書はコイネー・ギリシア語で記されている）。もともと、イエスや弟子たちが使っていたのはアラム語であり、また当時の聖書はヘブライ語で記されていた。こうした使用言語の変化は、神理解の変化、つまり「ギリシア化」を促すと同時に、キリスト教内部におけるテオスという言葉の「キリスト教化」が進められることになる。キリスト教にとって、テオスは多くの神々を含むものではなく、「イエス・キリストの父なる神」として意味を限定されていくことになる。ただし、このことはキリスト教が排他的な方向に向かったことを必ずしも意味しない。

たとえば、初期キリスト教の代表的な宣教者パウロは、「それとも、神はユダヤ人だけの神でしょうか。異邦人の神でもないのですか。そうです。異邦人の神でもあります。実に、神は唯一だからです」（「ローマの信徒への手紙」三章二九―三〇節）と述べている。ここで語られている神の唯一性は、排他原理としてではなく、包括原理として働いている。つまり、ヘブライ思想（ヘブライズム）の中核の一つである選民意識は、神を第一義的にユダヤ人の神として限定するが、パウロはその限定を解除し、異邦人を含む、すべての人間の神として、神概念を再定義しようとしている。その際、ギリシア語のテオスがその包括的意味を効果的に発揮していると言えるだろう。

ヨーロッパ全域にキリスト教が伝搬されていく中で、キリスト教世界の公用語はラテン語になっていくが（東方キリスト教世界の公用語はギリシア語）、初期キリスト教に対し、ギリシア語やギリシア思想が与えた影響は計り知れない。近代になってモノセイズムという言葉が考案されたとはいえ、初期キリスト教とギリシア思想（ヘレニズム）との密接な関係を思い起こすなら、一神教という表現がいかにキリスト教およびヘレニズムの文脈に規定されているかがわかるだろう。

アブラハム宗教

したがって、このような歴史的バイアスがかかった言葉を、ユダヤ教やイスラームにまで適用することに対する疑義が出されることもある。そこで、三つの宗教を言い表すために、モノセイズムに代わる言葉として「アブラハム宗教」という表現がイスラーム圏では、しばしば用いられてきた。三つの宗教が対等に対話を進めていくために、できる限り、キリスト教的な視点を相対化しようとする努力がそこには見受けられる。アブラハムは、三つの宗教にとって共に「信仰の父」として仰がれる人物である。聖書（ヘブライ語聖書）の族長時代に属するこの人物を歴史的に特定することは不可能である。その意味では、神話的な人物であると言えるだろう。「創世記」によれば、アブラハムは、神の言葉に従って、故郷であるカルデアのウルを離れ、カナン地方に向かったとされている。アブラハムの神に対する絶対的な帰依《きえ》の態度が、信仰の模範とされただけでなく、アブラハムの子孫からイスラエルおよびアラブの民が生まれることになったという意味では、まさに三つの宗教の生みの親であると言うことができる。

このように三つの宗教に共通する信仰の父アブラハムの名を借りて、三つの宗教を「アブラハム宗教」と総称することは聖書的であるだけでなく、きわめて中立性が高い。しかし、日本において「一神教」を「アブラハム宗教」に置き換えることは適当であろうか。アブラハムという名を聞いて、それをある程度具体的にイメージできる欧米人やムスリムにとっては「アブラハム宗教」という呼び名は十分に意義があると思われる。ところが、アブラハムが何者であるのかを十分に知らない、平均的な日本人に対し、いきおい「アブラハム宗教」と言っても、混乱に拍車をかけるだけだろう。したがって、本書では「一神教」という言葉に内包される歴史的な経緯を十分意識した上で、その言葉を、ユダヤ教・キリスト教・イスラームを総合的に見ていくためのキータームとして用いていきたい。

一神教の歴史的な経緯に関して、もう一つ触れておくべきことがある。それは一神教の起源をめぐる議論である。一神教という概念が新しいものであるにせよ、それが指示する対象は遠い過去においてすでに存在していたと考えることができる。多神教や、複数ある神の中から一人の神を礼拝する「拝一神教」とも明確に区別される形で、ただ一人の神の存在を信じる一神教（唯一神教）が成立したのはいつか。今、三つの宗教に共通する信仰の父としてのアブラハムについて述べたが、近代以降の聖書学（一九世紀のドイツのプロテスタント聖書学に端を発する文献批評的な聖書研究）や考古学によれば、一神教の成立起源をアブラハムにまで、さかのぼらせることはできない。

従来の聖書学の通説では、一神教の成立は古代イスラエルの預言者たちに帰せられ、特に、バビロン捕囚解放（前五三八年）前後の預言者・第二イザヤにおいてもっとも十全な形で表現されたと考えられてきた。しかし、一神教概念の曖昧《あいまい》さに加え、新たな考古学的な発見が、一神教の起源についての議論を流動的なものにしている。その意味では、一神教の起源の探求は、一神教概念の再構築も含め、非常に活気に満ちた研究分野であると言える（一神教の起源をめぐる議論については、山我哲雄『一神教の起源――旧約聖書の「神」はどこから来たのか』が詳しい）。

他方、こうした学問的探求とは別に留意しておくべき事柄がある。それは学問的な議論と信仰的な議論における一神教の位置づけの違いである。信仰的なレベルにおいては、ユダヤ教徒にとっても、ムスリムにとっても、一神教信仰はアブラハムによって獲得されたものであり、いったんアブラハムによって示された唯一なる神への信仰が、続く時代において多神教的・異教的風土の中で揺らいできたのである。学問的には、多神教的な風土の中から段階的に唯一神信仰が形成されてきたと考えるのに対し、信仰的には、純粋な唯一神信仰がすでにアブラハムにおいて開示されていると考える。この両者の姿勢のどちらが正しいのかを問うことは、あまり意味がない。むしろ、学問的な実証性と信仰的な誠実さの両方を視野に入れることが、今の時代において求められているのではないだろうか。

2　多神教世界における一神教の誕生

古代世界における神々の役割

「一神教」概念の形成を説明する際に、何度も「多神教」という言葉を引き合いに出してきたことからもわかるように、一神教の起源や形成を考える際に、その背景となっている多神教世界を無視することはできない。一神教が誕生した古代オリエント世界や、それに隣接するエジプトやアラビア半島における宗教の基本型は多神教であった。日本では、一神教は砂漠の宗教、多神教は農耕地の宗教、といった風土論的理解が支配的であることは第一章で述べた通りだが、歴史的に言えば、砂漠の宗教は長い期間にわたって多神教であった。

古代世界の宗教状況について考える際に大事なもう一つの点は、多神教か、一神教か、ということだけでなく、多神教をベースとする宗教は政治と一体不可分の関係にあったということである。政教関係に関する現代の分類の中から一番近いものを探すとすれば、それは「神権政治」であったと言えるだろう。もう少し正確に言えば、政治と宗教が一体不可分というより、両者は未分化であった。王は軍事的・政治的な権威者であると同時に、祭司的な存在であって、その権能は神から授けられたものと考えられた。それゆえ、国家（王国）にとっての最重要事項の一つは、神（神々）に対する祭儀であった。

特定の神々に対する祭儀は、時として、他の神々への敵対意識を生むこともあったが、王の神的権威を脅《おびや》かさない限り、ローカルな神々への信仰は許容された。神々は元来、部族神であって、部族の伝統と秩序の維持のために重要な役割を果たした。同時に神々は、時にその名を他文化の中で翻訳されながら、異文化交流の役割を担った。ギリシア神話のアフロディーテーは有名な女神であるが、古代オリエントの豊穣・多産の女神アスタルテー、イシュタルなどと起源を同じくする外来の女神であり、ローマ神話においては、ヴィーナス（ウェヌス）とも呼ばれる。これらの異なる名は、それぞれ別物ではなく、古代オリエント世界から地中海沿岸にわたって、女神信仰の広域ネットワークがあったことを示している。

また、神々は文化交流だけでなく、国際政治においても重要な役割を果たした。古代世界において部族間の契約は、神々の前で交わされる神聖な誓いであったからである。神々の前で信頼関係を取り結び、また、信頼関係が崩壊し、敵対関係になったときには、神々の名のもとで戦うのである。信仰と戦争の関係についての詳細は、第四章で取り扱う。

古代世界における政治と宗教

古代オリエント世界やエジプトにおいて、政治と宗教を統合する象徴的な存在が王であった。政治的・軍事的な権威と神的な権威を兼ねる王は「神の像」、すなわち、神の地上における顕現と考えられた。紙媒体など、広域にメッセージを伝える手段を持たなかった時代において、王の権威はどのようにして、人々の間に周知されたのだろうか。王の権威を伝達する役割を担ったのが、作られた像、偶像であった。エジプトにおけるスフィンクスをはじめとする大小の神像は、その代表例である。王は実体としては一人であるが、神像を通じて、神や王の権威を人々は意識させられることになった。従うべき主が誰であるかを像は端的に示したのであり、その意味において像＝王の政治神学が、古代世界における支配のイデオロギーを担ったのである。
こうした世界の中で一神教信仰の萌芽が形成されていった。そして、すでに存在していた多神教的な政治神学ともっとも鮮明なコントラストをなしたのが、一神教における像(偶像)をめぐる理解であった。像に対する一神教的な理解を伝える代表的な文言を、モーセの十戒から引用する。

わたしは主、あなたの神、あなたをエジプトの国、奴隷の家から導き出した神である。あなたには、わたしをおいてほかに神があってはならない。あなたはいかなる像も造ってはならない。上は天にあり、下は地にあり、また地の下の水の中にある、いかなるものの形も造ってはならない。あなたはそれらに向かってひれ伏したり、それらに仕えたりしてはならない。わたしは主、あなたの神。わたしは熱情の神である。わたしを否《いな》む者には、父祖の罪を子孫に三代、四代までも問うが、わたしを愛し、わたしの戒めを守る者には、幾千代にも及ぶ慈しみを与える。(「出エジプト記」二〇章二―六節)

これは、多神教の地エジプトからモーセとイスラエルの民を導き出した神がモーセに与えた十戒の冒頭部分であり、また、これは一神教を理解する上でもっとも重要な要素を含んでいる。「わたしをおいてほかに神があってはならない」という言葉は、多神教的な祭儀を否定し、唯一なる神への信仰を求めるものであって、唯一神信仰の基礎をなすものである。それに続く、「あなたはいかなる像も造ってはならない」は、唯一神信仰の帰結でもあるが、当時の世界で一般的であった偶像崇拝の拒否である。このように、唯一神信仰と偶像崇拝の否定は表裏一体の関係にある。

では、このような神理解に対応する聖書の人間理解は、どのようなものだろうか。聖書冒頭にある天地創造の物語は、次のように記している。「神は御自分にかたどって人を創造された。神にかたどって創造された。男と女に創造された」（「創世記」一章二七節）。古代オリエント世界において、神にかたどって創造された者、すなわち「神の像」を有する者は王だけであった。王のみが、地上における神の代理表象、「神の似姿《にすがた》」であり得た。古代オリエント世界にあった王の政治神学を素材として受容しつつ、それを換骨奪胎して、聖書は、王ではなく、すべての人間の始祖であるアダムとエバに「神の似姿」を帰している。これは、当時の社会通念に対する大きな挑戦であり、王の政治神学に対する痛烈な批判である。王といった特定の人間類型にではなく、人間一般に「神の似姿」を付与しようとする聖書の意図に、近代以降形成されてきた「人権」や「尊厳」につながる理念を認めることができる。また、一人ひとりの人間に、神に由来する等しい価値があるという考え方は、一神教に共通する人間観である。もちろん、こうした考えが、実際の社会の中で実現しているかどうかは別問題である。

3　一神教の文明論的系譜

共通基盤としてのヘブライズム、ヘレニズム

ユダヤ教、キリスト教、イスラームのいずれをとっても、膨大な歴史があり、それについて、ここで取り扱うことはできない。ここで論じたいのは、それぞれの歴史の共通要素と多様性についてである。三つの一神教の起源としてアブラハムを挙げることはできるが、キリスト教やイスラームがイエスおよび預言者ムハンマドという創始者を持つのに対し

（イエスの教えとキリスト教を区別する考え方もあるが、ここでは立ち入らない）、ユダヤ教の起源を問うことは簡単ではない。

ユダヤ人たちはパレスチナを中心とした古代イスラエルの歴史を有する一方で、離散の民として世界各地に散在してきた。しかし、その長い歴史を通じて、ヘブライ語聖書を基礎とした強固な宗教民族共同体として、そのアイデンティティを維持してきた。もちろん、それは時代と共に変遷してきたが、古代ユダヤ教においては、預言者モーセに帰せられるモーセ五書（聖書の冒頭にある創世記・出エジプト記・レビ記・民数記・申命記）が「トーラー」として重要な役割を果たしてきたことから、ユダヤ教の起源をモーセに求めることもできる（ただし、トーラーがまとまったものとして編纂されたのは紀元前五八七年の神殿崩壊の時期以降である）。現代のユダヤ教に直接につながるのは、紀元後七〇年のエルサレム第二神殿の崩壊によって、神殿祭儀ではなく、トーラーを中心とする書物の宗教として再起した「ラビ・ユダヤ教」（ラビはその書物を教える教師）である。そして、どこにユダヤ教の起源を求めるにしても、ユダヤ教に大きな文化的・思想的影響をもたらしたものの一つがヘレニズム（ギリシア思想）であった。

ヘレニズムは後発の一神教であるキリスト教、イスラームにも同じく大きな影響を及ぼした。いずれの一神教も、ヘレニズム思想の受容と、それとの対決という両面を持つが、そうしたプロセスを経て、それぞれの伝統の固有性と普遍性を語る思想的枠組みを構築していくことになる。ヘレニズムは、ローマ帝国の衰退と共に地中海世界から徐々に失われていくが、その影響力は一神教文明の中に引き継がれていった。

三つの一神教の教義レベルにおける共通性や相違については後の章で見ていくことになるが、その前提としてここで確認しておきたいのは、三つの一神教を文明論的な視点で見ると、いずれもがヘブライズム(古代イスラエルの思想的伝統)とヘレニズムの継承者となっているという点である。アブラハムを共通の信仰の父とするだけでなく、こうした文明レベルでの共通基盤を持っている点も、三つの一神教を比較する上で大切な要素となる。

イスラームとルネッサンス

ヘブライズムとヘレニズムの継承者として、もっとも重要な役割を果たしたのはイスラームであると言ってよいだろう。七世紀前半にアラビア半島で誕生したイスラームは、その後、シリア、エジプトまで支配領域を拡大していく。ヘレニズムと言うと、ギリシアを考えがちであるが、ヘレニズムは地球海沿岸に広く及んでおり、その中心の一つがエジプトのアレキサンドリアであった。ユークリッド、アルキメデス、プトレマイオスら、名だたる学者たちがアレキサンドリアで活躍している。イスラームの拡大と共に、エジプトを中心とするヘレニズム世界の南半分を支配下に置くと同時に、その思想的影響をイスラームは受けることになった。特に八世紀から九世紀にかけて、ヘレニズムの古典的著作が精力的にギリシア語からアラビア語に翻訳され、イスラーム世界においてヘレニズムの遺産が蓄積されていった（翻訳活動を含む異文化受容の中心はバグダッドであった）。

他方、同時代のヨーロッパにおいてはヘレニズムの遺産はほぼ忘れ去られており、ヨーロッパ・キリスト教文明の中にはヘレニズム受容に関して大きな断絶の時期がある。しかし、一一〜一二世紀、イスラーム圏に近接するイベリア半島のトレドなどを中心に、アラビア語に翻訳されていたアリストテレスらの哲学書、プトレマイオスらの科学書、ヒポクラテスらの医学書が次々にラテン語に翻訳され、ヨーロッパの各地にもたらされた。中世ヨーロッパは、十字軍に代表されるように後々にまで大きな禍根を残す、イスラームに対する敵対姿勢も見られたが、翻訳を通じた新たな異文化交流がなされた時代でもあった。

イスラームを仲介者とするギリシア古典の再発見がなければ、ルネッサンスが起こり得たかどうかは、きわめて疑わしい。しかし、いったんルネッサンスが起こり、ヨーロッパが文明史的に大きな飛躍を遂げていくようになると、こういったイスラームとの接点、イスラームから受けた恩義に関心が及ばなくなるどころか、ヨーロッパ文明こそがヘレニズムの正統な継承者なのだという自画像を描くようになっていく。そして、この問題は、仏教をはじめとする新種の宗教や言語と出会い、言語学において飛躍を遂げることになった一九世紀において、新たな段階を迎えることになった。一神教同士の対立は、自然発生的に生まれてきたのではなく、その一部は、ヨーロッパ社会が優越的な自画像を保持しようとする中で構築されてきたのである。

アーリア化とセム化に見る葛藤

一九世紀後半、日本の知識人たちがキリスト教に脅威と魅力を感じたように、ヨーロッパの知識人たちは仏教に同様のものを見出した。一神教以外の宗教は、無数の「偶像崇拝者」として一括りにされていた一九世紀前半頃までは、キリスト教こそが唯一の「世界宗教」であった。ところが、比較言語学や宗教史的な研究が進展する中で、仏教をアーリア系の宗教として認め、さらに第二の「世界宗教」として受けとめていくことになる。当時、インド・ヨーロッパ語族の諸言語を使う人々は、すべて共通の祖先「アーリア人」から発生したという言語学上の学説が広まっていた。現代では、その学説としての意義は失われているが、当時は、「諸文明の祖」であるアーリア人というイメージが、多くの人々の関心を引いたのである。

アーリア人をめぐる、このような言語学的な転換とその影響力の拡大と共に、キリスト教をヘレニズム化あるいはアーリア化（脱セム化）し、その一方で、ユダヤ教やイスラームをセム化しようとする傾向が強まっていった。「セム語族」も、「アーリア人」同様、一九世紀に流布し始めた用語であるが、それはノアの息子セムにちなんだ名称であり、アッカド語、アラム語、ヘブライ語、アラビア語などを含み、現在ではアフロ・アジア語族の一部とされている。セム語族の分類に従えば、ユダヤ教もイスラームもセム語族に属することになる。こうした比較言語学的な発見を背景として、ギリシア的・アーリア的なイメージの中に宗教の理想を求め、そこにキリスト教を位置づけると共に、その理想からこぼれ落ちるもの（ユダヤ教・イスラーム）にセム的イメージを与えたのである。

キリスト教が自らを、ヘレニズム的伝統を継承した宗教であると強調しようとした背景には、他の宗教の存在がヨーロッパにおいても広く知られるようになってきた状況の中で、キリスト教は自らを、他の宗教とは異なる「普遍宗教」として際立たせようとしたという事情がある。近代言語学が見出したアーリア語族とセム語族の類型比較は単なる言語論にとどまらず、一九世紀から二〇世紀にかけて人種論争へと発展した。もともと言語学的概念であったアーリアを人種論（アーリア民族）に結びつけようとしたアーリア主義者にとって、しばしば、アーリアが優秀性の、セムが劣等生のシンボルとされたので、アーリア化と脱セム化はまさに表裏一体の関係にあった。この傾向はナチスにおいて極限にまで高められることになったが、ナチスは「セム」という言葉が持つ曖昧性を好まず、その概念を徹底して人種論的に扱い、セムにおいて一体となっていた「人種」と「宗教」を分離し、「ユダヤ人」という人種的概念を抽出した。

このように、宗教あるいは一神教をめぐる問いは、宗教研究に閉塞するマイナーな課題ではなく、近代ヨーロッパの光の部分（学問の近代化）と闇の部分（宗教差別・人種差別）とを生み出す源泉の一つとなった。ホロコーストを頂点とする反ユダヤ主義の席巻が、その闇の部分に属すことは言うまでもないだろう。流動する西欧近代の混乱を宗教学者・増澤知子は次のように要約している。

アブラハムの宗教というかつての一神教同盟は、こうした新しい思想の圧力に負けて崩れはじめた。そして、この古い構造の瓦礫のなかから突然に立ち上がったのが、キリスト教ヨーロッパ——あるいは、キリスト教の有無にかかわらずヨーロッパ近代——という新しい概念である。そして、この混乱のなかで、世界の残りの部分はもう一度シャッフルされて配置しなおされ、やがて新しい地図のなかに描き込まれたのである。（増澤知子「比較とヘゲモニー——「世界宗教」という類型」、磯前順一、タラル・アサド編『宗教を語りなおす——近代的カテゴリーの再考』一四六頁）

ヨーロッパ近代は、同時代の日本からは、そびえ立つ壮麗な建造物のように見えたかもしれない。しかし、その内部では近代や進歩という時代精神に向き合う葛藤が渦巻いていた。その渦の中に「世界の残りの部分」も否応なく引き込まれていったのである。そして、自画像（ナショナル・アイデンティティを含む）をより優越的に描こうとする欲求と、一神教間の価値観の調整に苦慮する姿は、二一世紀の現在にまで持ち越されている。

4　現代における一神教の広がり

地球人口の過半数を占める一神教

一神教を取り巻く歴史的経緯を見てきたが、現代世界において、一神教はどのような地理的広がりを有し、社会にどのような影響を与えているのだろうか。中東生まれの一神教は、中心点を移動させながら、もはや中東の宗教とは言えないほどの広がりを持っている。人口に関して言えば、ユダヤ教が約一四〇〇万人、キリスト教が約二二億人、イスラームが約一六億人の信徒を有している。クリスチャンとムスリムを足すと、世界人口の過半数となることから、人口比で言えば、一神教は文字通りの世界宗教と言えるだろう。

日本では、キリスト教やイスラームを信仰する一神教徒は全人口の一パーセントにも満たないため、こうした世界の現実は実感しづらいが、一歩、日本の外に出ると二人に一人が一神教徒であり、さらに内訳を言えば、三人に一人がクリスチャン、四、五人に一人がムスリムということになる。

ユダヤ教徒の数は決して多くはないが、ビジネスや科学における影響力の大きさを考えれば、過小評価することはできない。ユダヤ教徒の大多数はイスラエルと米国に居住している。ここでは、よりグローバルな展開をし、人口比的にも突出しているキリスト教とイスラームの現代の様子を一瞥《いちべつ》したい。

キリスト教の展開

二二億人の信徒を抱えるキリスト教は、人口では世界ナンバーワンの宗教である。その意味では、キリスト教は単に宗教界だけでなく、経済活動を含む、社会の各所に影響力を及ぼしている。資本主義とキリスト教世界の関係については、これまでマックス・ウェーバーをはじめ、様々な研究が世に出てきた。資本主義がなぜアジアではなく、ラテンアメリカでもなく、西欧で誕生したのか。その理由を論じるには産業革命、科学革命など、西欧における出来事を追っていく必要があるが、その精神的土台となっているのはキリスト教である。

ただし、キリスト教と一口に言っても、その内部には膨大な多様性があることを知っておく必要がある。中絶や同性愛、気候変動をめぐる問題に見られるように、同じ問いに対して、まったく正反対の答えが返ってくることはめずらしくない。そうした違いは、カトリック、プロテスタント、正教会、さらに言えば、プロテスタントの諸教派のような教会集団の違いから生じることもあれば、それとは違う政治力学が働いている場合もある。

また、キリスト教が世界第一の宗教であると言っても、すべての地域で同じ影響力があるわけではない。たとえば、西欧はもともとキリスト教の中心地であったが、今や急速に世俗化が進み、キリスト教の影響力は決して大きくない。日曜日、大聖堂の礼拝で二十数名のお年寄りしかいない、ということもまれではない。

世俗化が進む先進西洋諸国の中で例外的に高い宗教性を維持しているのがアメリカである。若年層を中心に教会離れが進行しているとはいえ、アメリカの社会生活や政治とキリスト教は、いまだ密接な関係にある。毎回の大統領選挙においては、各候補とも大票田である宗教保守層の取り込みに余念がない。

かつてキリスト教の中心は西欧にあったが、その中心点・成長点は違う場所に移動している。人口比的に言えば、今や、世界のキリスト教徒の過半数は非西洋圏にいるので、もはやキリスト教を「西洋の宗教」と呼ぶのは正しくない。キリスト教はアジアやアフリカ、ラテンアメリカで成長しており、成長点は明らかに移動している。東アジアでキリスト教が急成長した国の一つは韓国であり、今や、国民の三割がクリスチャンと言われている。とりわけ、若くしてビジネスに成功した企業家の中にはクリスチャンが多く、財政的な豊かさが韓国の教会を巨大化させてきたという側面もある。

ラテンアメリカにおける、過去数十年の変化も際立っている。かつてラテンアメリカは人口の九割以上がカトリック教徒で、文字通りの「カトリック大陸」であった。カトリック人口が圧倒的多数を占めるに至った背景にスペイン、ポルトガルによる植民地化があったことは言うまでもない。そうした背景を持ちつつも、ラテンアメリカの多くの国々でカトリック文化は人々の生活に溶け込んできたのであるが、近年、そのカトリック大陸にプロテスタントが流入する形で勢力図に変化が生じている。特に米国からペンテコステ派を筆頭とするプロテスタント保守派（福音派）が広く受け入れられるようになり、かつて九割以上を占めていたカトリック人口が、今や七割を切ろうとしている。グローバル化の進展と共に、キリスト教世界の内部も流動化しているのである。

イスラームの展開

イスラームは多くの日本人にとって、まだ縁遠い宗教かもしれないが、イスラーム世界、特に中東と日本は、石油を中心に非常に密接な経済関係を持ってきた。イスラームはビジネスとの関係が非常に強い宗教である。預言者ムハンマドがアラビア半島を駆け巡っていた商人であったことから、商売に関わる伝統がイスラームの中には引き継がれている。したがって、ビジネスそのものを嫌悪するような伝統はまったくない。重要なのは、ビジネスで得たものや、すでに持っているものを、それを必要としている人に施すことであり、ムスリムにとって「施し」は義務とされている。

世界のムスリム人口は一六億人と言われており、イスラームはキリスト教に次ぐ世界第二の宗教であるが、人口増加率はキリスト教を上回る。現在の人口推移が続けば、二〇七〇年頃にはキリスト教を抜き、イスラームは世界第一位の宗教になると推測されている。西欧諸国の多くで、やはりムスリムはクリスチャンに次ぐ人口を占めている。その多くは移民としてやってきた。ドイツの場合、高度成長期の一九六〇年代、労働力不足を補うためにトルコから大量の労働者を迎え入れた。フランスの場合には、旧植民地の北アフリカ諸国からたくさんの移民が来ている。ムスリム移民は労働力として貢献してきたが、西欧諸国で移民の社会統合は必ずしもうまくいっておらず、英国のEU（欧州連合）離脱の議論の際にも見られたように、ムスリム移民に対する排外主義的な動きが目立つようになってきた。

こうした問題は決して対岸の火事ではない。日本経済を維持していくために、今後、多くの外国人労働者をわが国も受け入れることになるが、西欧諸国における教訓を十分に学んだ上で、多様な外国人労働者とどのように向き合っていくべきかを考えていく必要がある。

現在、過激なイスラーム集団によるテロ事件が続く中で、我々がメディアを通じて知る宗教に関係する情報は、圧倒的にネガティブなイメージに満ちている。日常生活におけるムスリムはきわめて寛大で、他者に対するいたわりの精神も秀でている。また、人を分け隔てすることを嫌う。しかし、こうした平凡な日常はニュースになることはなく、暴力的な事件だけがニュースとして我々の目に飛び込んでくる。宗教に対するイメージを中立的なものにリセットするのは簡単ではないが、ニュース・メディアの特性を理解しつつ、宗教に対する基本的な知識を備え、不必要な偏見に陥らないようにすべきだろう。

第三章　一神教の基本的な考え——何が同じで、何が違うのか

三つの一神教はアブラハムという共通した信仰の父祖を持つだけでなく、ヘブライズム、ヘレニズムという共通した文明論的系譜の中にあることは、すでに述べた通りである。その起源や歴史的な変遷を大枠で理解するなら、三つの一神教は兄弟（姉妹）宗教であると言ってさしつかえない。さらに、神理解や人間観、世界観といった教え（教義）の次元でも、三つの一神教は多くの共通点を持っている。細部の相違があることは言うまでもないが、それはより大きな共通点を踏まえた上で論じていくべきだろう。

三つの一神教の共通要素でありながら、同時に、それぞれの特徴を際立たせる基本的な考え方として、ここでは創造論、終末論、偶像崇拝の禁止に光を当てる。これらは決して難解な教義ではなく、三つの一神教の人間観や世界観（歴史観）の特徴を端的に示している。聖書やコーランにおける章句を手がかりに、それぞれの教えがどのように形成されて

きたのかを見るだけでなく、それらが現代社会において、どのような影響を与えているのかについても考察したい。

1　創造論

創造者なる神

一神教の大前提となるのは、創造者なる神に対する信仰である。世界の起源については、多くの神話や宗教が多様な物語を有している。一神教の中でも、創造物語の基礎を与えたのはユダヤ教であるが、そのユダヤ教も周辺の神話（特にバビロニアの神話）の影響を受け、そこにある素材を使いながら、独自の創造物語を作り出していった。そうした影響関係を考慮に入れたとしても、一神教において共有される「唯一なる神による世界創造」という考えは、他の宗教、特に多神教と一線を画するものであり、一神教という「大きな物語」を根底において支える土台であると言える。

ヘブライ語聖書の冒頭において、天地創造の物語が記されている。「光あれ」という神の最初の言葉によって世界創造が始まり（第一日）、世界が段階的に創造され、第六日には人間が創造されている。この創造物語は次のように締めくくられている。

天地万物は完成された。第七の日に、神は御自分の仕事を完成され、第七の日に、神は御自分の仕事を離れ、安息なさった。この日に神はすべての創造の仕事を離れ、安息なさったので、第七の日を神は祝福し、聖別された。これが天地創造の由来である。（「創世記」二章一―四節）

天地が神によって六日間で創造されたということは、コーランも以下のように記している。

かれこそは天地を六日の間に創造なされ、それから玉座に鎮座なされる方である。かれは地に入るもの、そこから出るもの、また天から下るもの、そこに上るものを知り尽される。（クルアーン五七章四節）

ここで「かれ」と記されているのはアッラーのことである。興味深いのは、創世記では天地創造の後、神が安息（休息）したとあり、これがユダヤ教の安息日の起源となっているのに対し、コーランには神の安息の記述は存在しないことである。イスラームでは、世界を常時維持しているアッラーが休息するのは論理的にあり得ないとし、聖書編集者が本来の啓示を改竄《かいざん》したと批判することもある。

神の安息の有無をめぐる違いがあるとはいえ、天地および人間が神によって創造されたと考える点において、一神教は共通理解を有している。その一方、世界や生命の成り立ちについて科学的な知見が蓄積されてきた近代以降、伝統的な創造論（神による世界創造）と科学的な世界観・生命観との間に緊張関係、さらには対立関係が生じてきた。とりわけ大きな論争を引き起こし、今なおその議論が続いているのが、進化論をめぐるものである。進化論をどのように見ているのかは、一神教の間でも大きく異なり、その意味で、近現代における一神教の多様な姿を描く一助となる。

進化論と創造論

進化論が及ぼした影響の大きさから言えば、筆頭に挙げられるべきは米国のキリスト教、特にその主流であるプロテスタントであろう。一九世紀後半、伝統的なキリスト教信仰に対する近代主義的な挑戦がなされたが、代表的なものは聖書批評学と進化論であった。聖書批評学は、聖書を誤謬《ごびゅう》のない「神の言葉」としてではなく、人間が記し、編集した文献として学問の対象とした。キリスト教の伝統的権威が揺らぎつつあったヨーロッパでは、こうした新しい学問的手法が広く受け入れられ、それが米国にも伝えられたのである。米国では賛同者を得ると同時に、近代主義的な影響と断固戦うという人々も存在した。その人々は一九一〇年代において「ファンダメンタリスト」(原理主義者)として、自らの立場を明確にしていくことになる。

ファンダメンタリストたちが、聖書批評学と同様に敵視したのが進化論であった。彼らは、進化論の中に、伝統的な創造信仰への脅威を感じ取ったのである。進化論の何が問題なのだろうか。生命の多様性と人間の位置づけに関して、進化論を支持する近代主義者と創造論を支持する伝統主義者の間には大きな違いが存在していた。

一八五九年、チャールズ・ダーウィンは『種の起源』を著す。ダーウィンは、ウィリアム・ペイリーの『自然神学』(一八〇二年)から大きな影響を受けており、その意味でダーウィンには、英国の「自然神学」の伝統の中に立っているという一面がある。「自然神学」は、人間の理性の働きや自然の観察を通じて神について知ることができるという立場に立ち、キリスト教の歴史の中では「啓示神学」を補完する役割を担ってきた。そのような自然神学から多くの素材を受け入れながらも、ダーウィンは、神が地上の生命種を設計（デザイン）・創造したという考えを捨て去り、生命の多様性を「自然選択説」によって説明しようとした。自然選択説は、生存競争と変異の組み合わせによって、神が介在しなくとも、それぞれの生命種が進化し、種の多様性をもたらすメカニズムを提示した。

この進化の考え方においては、人間もまた他の生命種と異なるわけではなく、進化のプロセスを経て、現在の状態に至ったとされる。したがって、ダーウィンの進化論は、神の存在や介入を排除しただけでなく、万物の中で占めていた人間の超越的な位置づけを根本的に相対化することになった。ダーウィン自身は、生命の多様性を生物学的に説明することに関心を集中させたが、結果として、進化論は生物学の領域にとどまらない神学的・思想的な影響を、一九世紀後半の英国そしてアメリカに及ぼしていくことになったのである。

端的に言えば、神の存在および人間の神的ルーツ（人間存在の特殊性）を否定しかねない進化論は、宗教的な保守層からすれば、危険きわまりない思想として映ったのであり、両者の緊張関係は、一九世紀後半から二一世紀初頭の現代のアメリカ社会にまで持ち越されている。ピュー・リサーチ・センターによる比較的最近の調査でも、今なお、アメリカ人のおよそ三分の一は進化論を受け入れていないという結果が示されている。同じアメリカのキリスト教の中でも、リベラル派の人々は信仰と進化論を両立させて受けとめているのに対し、保守派の人々にとっては、創造説を堅持するために、進化論は拒絶しなければならない対象であり続けている。進化論に対する態度は、すでに様々な次元で分断しているアメリカという国家の大きな断層の一つであると同時に、キリスト教の多様性を示す指標にもなっている。

イスラームと進化論

イスラームの場合、進化論をどのように受けとめているのだろうか。イスラーム世界で近代科学の萌芽とも言えるものが発展し、それがヨーロッパにおけるルネッサンスや科学革命に影響を与えた。歴史的に見れば、科学的な探究心はイスラーム世界では非常に高く、それは信仰と相反するものではない。古代ギリシアの進化思想もローマ経由でイスラーム世界に受け継がれ（もちろん、ダーウィン以降のように実証的なものではないが）、イスラームの思想や哲学に影響を与えることになった。

ただし、近代以降の西洋科学とイスラームとの間には、容易に解決できない緊張関係があり、西洋科学をどのように受容するかは、イスラーム世界で大きな論争の的であり続けている。イスラーム社会が科学の恩恵を受けるためには、西洋科学を全面的に否定することはできない。しかし、神の存在をもはや考慮せず、むしろ積極的に否定する西洋科学を、そのままの形で受容することもできない。この緊張を乗り越えるために、イスラームがとっている基本的な態度は、西洋科学の選択的受容である。すなわち、イスラーム社会にとって有益な科学は積極的に受容し、そうでないものは拒絶するという態度であり、その中で拒絶の対象となった代表格が進化論であった。したがって、現在でも、ムスリムが多数派を占めるイスラーム国家の多くでは、進化論を公教育で教えたり、また研究の対象とすることが禁じられている（二〇一七年には、イスラームの伝統重視を強めるトルコ政府が、公立学校で進化論を教えないことを決定した）。アメリカでは進化論をめぐって論争が起こったが、イスラーム圏の大半では、論争にすらならないほど、進化論に対する態度は一貫して否定的である。

イスラーム圏における進化論の取り扱いが、他の世界にも垣間見えることがある。日本に限らず、世界中の子どもたちの間で長年人気を保ってきたポケモンに対し、それを禁じるファトワ（宗教令）が繰り返し出されてきた。子どもの遊びをなぜ禁止するのかと思う人は少なくないだろう。ポケモンはもともとカードゲームから始まったので、それがイスラームで禁じられている賭博にあたるとの指摘は当初からあったが、もっとも大きな理由は進化論との関係である。ポケモンの進化（たとえば、ピカチュウがライチュウに進化する）は生物学上の進化というよりは生物の「変態」（幼虫がさなぎに、さなぎが蝶になる）にはるかに近い。しかし、ポケモンの世界では「進化」させるという言葉が頻繁に使われ、それは最近のスマホ・アプリ「ポケモンＧＯ」にまで引き継がれている。ポケモンを禁じるというのは一見、大人げないように見えるが、近代以降のイスラーム世界における西洋科学、とりわけ、進化論との葛藤を考えれば納得がいくだろう。

罪を犯す存在としての人間

ここで創造論の別の側面に目を向けたい。神によって世界が創造されたという信仰を一神教は共通して持つが、その世界における人間の位置づけ、特に人間の罪の理解に関しては、一神教の間でも差異がある。この世界は神によって創造されたゆえに、神の創造にふさわしい秩序を有していた。しかし、その秩序からの離反の物語が聖書には記されている。楽園追放の物語である。

エデンの園において、神はアダムに対し、「園のすべての木から取って食べなさい。ただし、善悪の知識の木からは、決して食べてはならない。食べると必ず死んでしまう」（「創世記」二章一六―一七節）と語った。しかし、「その木はいかにもおいしそうで、目を引き付け、賢くなるように唆《そその》かしていた」（同三章六節）。誘惑に抗しきれず、その木の実を食べたアダムとエバは楽園から追放されることになるのだが、この物語は現代社会に対しても示唆的な内容を含んでいる。

科学技術の急速な進歩の結果、我々の身の回りには「いかにもおいしそうで、目を引き付け、賢くなるように」唆すものに事欠かない。それが致死的な危険性を秘めていたとしても、たとえば、原子力エネルギーがもたらす果実に、戦後の日本社会はすがってきたのである。ヒトゲノム編集、脳機能のエンハンスメント（増強）、人工知能など、人間に新たな幸せをもたらしてくれるかのように見える技術が次々と現れてきている。それらが、食べてはならないと言われた「善悪の知識の木」の実であるのかどうかを我々が見極めるためには時間がかかるだろう。しかし、食べられるもの（利用できるもの）を、すべて食べて（利用して）よいのではないことを、この小さな物語から、人類史的な課題として学ぶべきではなかろうか。

さて、楽園を追放された結果、アダムとエバは様々な苦しみに直面する。聖書は、出産の苦しみ、労働の苦しみについて次のように記している。

　神は女に向かって言われた。「お前のはらみの苦しみを大きなものにする。お前は、苦しんで子を産む。お前は男を求め、彼はお前を支配する。」神はアダムに向かって言われた。「お前は女の声に従い、取って食べるなと命じた木から食べた。お前のゆえに、土は呪われるものとなった。お前は、生涯食べ物を得ようと苦しむ。お前に対して土は茨《いばら》とあざみを生えいでさせる、野の草を食べようとするお前に。お前は顔に汗を流してパンを得る、土に返るときまで。お前がそこから取られた土に。塵《ちり》にすぎないお前は塵に返る。」（「創世記」三章一六―一九節）

聖書には、人間が罪を犯した結果、どのような結末を迎えたのかを記す物語が多くあるが、それらは見方を変えれば、現実に人間に避けがたくのしかかる各種の苦しみの原因を語るものであり、「原因譚《たん》」（「譚」は物語という意味）として理解することもできる。先の聖書の箇所は、出産と労働の苦しみの原因譚として読むことができる。

その他、なぜ人が人を殺すのか、兄弟の間においてすら殺人が起こるのか（カインによるアベルの殺害、「創世記」四章）、人や動物を滅ぼすような大規模な自然災害がなぜ起こったのか（ノアの洪水、「創世記」六―九章）、人の言葉はなぜこれほどまでに多様なのか（バベルの塔、「創世記」一一章）を説明する物語があり、人間が罪を犯す存在であることが一貫して述べられている。もちろん、現代社会においては、数々の苦悩や問題の原因を、心理学や自然科学の立場から説明することができるが、そうしたものが存在しなかった時代、人々は苦悩の原因を「物語る」ことによって、苦しみとの折り合いをつけようとしたと考えることもできる。いずれにせよ、人間が罪を犯す（犯しやすい）存在であることは、一神教に共通する人間観である。しかし、罪の理解の仕方については、かなりの幅がある。

罪理解の多様性

罪の根深さを考えるとき、それを端的な概念で表したものが、西方キリスト教世界で支配的になった「原罪」の教えである。アウグスティヌス（三五四―四三〇年）によって「原罪」はその基礎を与えられたが、それは人類の始祖アダムとエバが罪を犯したため、それ以降の子孫には生まれながらにして罪があるという考え方である。罪は人類のすべてに継承され、誰もそれから逃れることができないという意味で、古典的な「性悪説」に近いとも言える。ただし、アダムとエバが神の言葉に逆らい、「堕落」したことから罪が始まったとすれば、創造時点での人間は罪がない状態であり、「性善説」から「性悪説」への転換を語るのが「原罪」説であるとも言えるだろう。

アウグスティヌスの影響力があまりにも大きかったため、西方キリスト教世界では罪を「原罪」として強調することが主流となった。しかし、聖書そのものが明示的に「原罪」を支持しているわけではない。むしろ、聖書には多様な罪理解が混在している。たとえば、「原罪」とほぼ正反対の罪理解を、ヘブライ語聖書の次の箇所に見出すことができる。

その日には、人々はもはや言わない。「先祖が酸《す》いぶどうを食べれば、子孫の歯が浮く」と。人は自分の罪のゆえに死ぬ。だれでも酸いぶどうを食べれば、自分の歯が浮く。（「エレミヤ書」三一章二九―三〇節）

ここでは、自分の犯した罪は自分で負わなければならないこと、それを先祖の責任にはできないことが記されている。他者に責任を転嫁できないこと（徹底した自己責任）も聖書の罪理解なのである。

興味深いことに、西方キリスト教世界で原罪が影響力を持ったのに対し、東方キリスト教世界（正教会）では原罪を認めない。むしろ、よき存在としての人間、聖化される存在としての人間という理解が主流を占めている。また、イスラームにおいても、人間に原罪があるとは考えない。次のコーランの言葉は、先のエレミヤ書の引用にきわめて近い内容を持っており、原罪が入り込む余地はない。

荷を負う者は、他人の荷を負うことは出来ない。もし荷を負わされる者が、その荷のため他人を呼んでも、近親者ですら、その一部さえ負うことは出来ない。（クルアーン三五章一八節）

原罪を認めないイスラームに対し、その人間観が楽観的すぎるという批判が、キリスト教側からなされることがある。しかし、イスラームは人間の罪深さを放置しているのではない。一神教の中でも特に厳格な終末論を持つイスラームでは、現世における行為が来世に反映されるのであり、今、何をしたのか、しなかったのか、ということを厳粛に受けとめる人間観・世界観を有していると言える。

2　終末論

終末論の射程

一神教における創造論が世界や人間の「始まり」について語っているとすれば、その「終わり」について語るのが終末論である。ただし、終末論という言葉は一神教に限定されない意味の広がりを持っているので、まず終末論の一般的な意味の射程を示し、その後に、一神教における終末論の特徴について論じていきたい。

世界にある数々の宗教の中で、終末論的なテーマにまったく関心のないものは、おそらく存在しないだろう。特定の信仰を持っているか否かにかかわらず、人は自分自身の「終わり」、すなわち死について考える。特定の信仰を持っていれば、さらに死後の世界（来世）についても思いをめぐらすに違いない。今の生活に完全に満足し、十全なる幸せを感じている人は、終末論的なテーマへの関心は薄いかもしれない。しかし、現状を最善の状態と考えることのできる人は必ずしも多くはなく、人が困難な状況に置かれている場合には、そこから脱したいと願うのは当然のことだろう。広い意味での終末論は、人間の現状に対する不満や不安とそこからの脱出願望に関わっている。「脱出」を宗教的な言葉で「救済」や「解脱《げだつ》」と言い換えてもよい。

空間的な脱出としての終末論

脱出には大きく二つの方向がある。空間的な脱出と時間的な脱出である。空間的な脱出の例として、グノーシス主義に典型的に見られるような「この世」から「天上世界」への移動を挙げることができる。グノーシス主義にとって、この世や人間の体は、魂を拘束する「牢獄」のようなものである。死によって魂が牢獄から解き放たれ、天上へと上昇し、そこで至高の真理と一体化することに救いを見出す。

初期キリスト教は、地中海世界に広がっていたグノーシス主義の影響を受けつつ、それと対決した。しかし、イエス来臨への期待（初期クリスチャンはイエスがすぐに再臨することを願っていた）が徐々に遠のいていく中、三〜四世紀以降、キリスト教においても、死後の魂の行き先として「天国」が重要な役割を果たしていくことになる。当時の人々の世界観からすれば、天国は空間的な上方に位置するものであった（同様に、神も空間的な上方にいると考えられていた）。教派の違いにかかわらず、教会において広く用いられている「主の祈り」の冒頭の言葉、「天におられる私たちの父よ」を唱えるとき、歴史の長きにわたって人々は、抽象的な意味ではなく、空のはるか彼方に「天国」や「神」を思い浮かべたのである。

空間的な移動の願望は、上方に限定されない。仏教の場合、「西方浄土」と呼ばれるように、浄土は西に向かって遠く水平方向に移動した場所にあると考えられた。今生きている場が、必ずしも幸せに満ちた場ではなくとも、死後、苦から解放され、満ち足りた場に身を移すという願望は、多くの宗教に見出すことができる。

時間的な脱出としての終末論

それに対し、もう一つの脱出の類型、すなわち、時間的な脱出がある。これは、聖書の黙示文学に代表される「古い世」から「新しい世」への移動である。新約聖書における、その一例を次に示す。

わたしはまた、新しい天と新しい地を見た。最初の天と最初の地は去って行き、もはや海もなくなった。更にわたしは、聖なる都、新しいエルサレムが、夫のために着飾った花嫁のように用意を整えて、神のもとを離れ、天から下って来るのを見た。

（「ヨハネの黙示録」二一章一―二節）

これは「ヨハネの黙示録」の終盤の文章であるが、今ある世界を意味する「最初の天」と「最初の地」は去り、「新しい天」と「新しい地」が到来する、歴史の終わりを描写している。これに先立ち、「最後の審判」が描かれているが、こうした世界終末の多くの要素を三つの一神教は共有している。一神教にとって、歴史は未来永劫続くものではなく、それは「創造」による始まりを有していたように、「終末」の到来による終わりを有している。歴史に始点と終点を見ている点において、一神教の歴史観は直線的であり、一神教以外の宗教の多くが循環（円環）的な歴史観（輪廻思想はその一例）を持つのとは対照的である。

このような文脈で「ヨハネの黙示録」を見ると、全人類的・宇宙的な次元で、「現在」から終末論的な「未来」へと移行する出来事の中に審判と救済を見出していることがわかる。終末論は一般的に個人の死後生を論じる「個人的終末論」と世界や歴史の終わりを論じる「宇宙論的終末論」に分類することができるが、イエスの再臨を強く待望していた初期キリスト教や「ヨハネの黙示録」は後者の傾向が強い。

また、「ヨハネの黙示録」の世界終末描写はその成立の背景とも関係がある。「ヨハネの黙示録」はローマ帝国によるクリスチャン迫害の時期に記された「迫害文学」である。激しい迫害により、もはや死を避けることができないことを覚悟した信仰者たちは、死によってすべてが終わるのではなく、歴史の終わりという遠い「未来」において神の約束（審判と救済）が成就することを願った。つまり、苦悩する「現在」から救済の「未来」への移行がそこでは主題となっていた。

世界の終末に関する基本構造は、イスラームにおいても同様に見ることができる。

言ってやるがいい。「主は一斉にわたしたちを召され、真理に基いてわたしたちの

間を裁かれる。かれは真の裁決者で全知におわします。」（クルアーン三四章二六節）

これは最後の審判について語っているが、歴史の終わりにおいて、すでに死んだ者も生きている者も、すべての者が神の前に立たされ、裁かれるという点において、イスラームの終末観は、ユダヤ・キリスト教の伝統と同一線上に立っていると言える。

来世のイメージ

終末論の基本構造を三つの一神教が共有しているとはいえ、それぞれの来世（死後生）観には違いが見られる。ヘブライ語聖書では、死者の魂の行き先として「陰府」について語られるが、決して思弁的なものではなく、全般的に死後生に対する関心は低い。死後について思弁をめぐらせるよりも、今生きているときに何をすべきかに関心が向けられているると言えるだろう。

そのような傾向は新約聖書にも引き継がれている。新約聖書では、「楽園」「地獄」といった死後生に関係する言葉は頻出するものの、その細部について描写されているわけではない。ただし、差し迫ったイエス来臨への期待が退潮し、個人の死後生に関する関心が高まっていく中で、教会は死後生についての教義を整えていくことになる。とりわけ、地獄への関心は中世において、もっとも高まることになった。ペストなど疫病の蔓延によって、富者・貧者の違いにかかわらず、死と隣り合わせであった時代において、人々は死をきわめて身近なものとして受けとめ、それゆえ死後の行き先が大きな関心事となった。

しかし、多くの人にとって天国か、地獄か、という二つの行き先だけでは十分ではなかった。地獄に行くほど罪深くない人であっても、天国に行けるほどの善人ではない。地獄と天国の間の中間的な段階として「煉獄《れんごく》」が考え出された背景には、そうした事情がある。煉獄の思想の萌芽はすでに二世紀頃に見られるが、カトリック教会の教えとして広まったのは一二世紀頃のことである（一五六二年のトリエント公会議で正式教義になった）。煉獄は、死者が天国に入る前に自らの罪を浄化する場所と考えられた。また、生者の祈りによって、死者の煉獄における滞在期間が短縮されるとも考えられていた。

地獄や煉獄のイメージを大衆的に流布させるのにもっとも大きな役割を果たしたのは、ダンテの『神曲』（一四世紀初頭）だろう。「地獄篇」「煉獄篇」「天国篇」の三部からなる『神曲』の中でも特に「地獄篇」が人々の心をとらえ、聖書には明確な形で記されていない地獄のイメージを人々の心に刻印することになった。

『神曲』は中世の世界観を知る上でも重要である。当時、イスラームはキリスト教の敵対者というイメージが強く、「地獄篇」の第二八歌では、預言者ムハンマドが分派の罪を犯したかどで地獄に置かれている。ムスリムから見れば、これは看過できない侮辱であるだけに、現代においては丁寧な説明と解釈が求められる箇所である。

ところで、同じキリスト教においても、正教会やプロテスタントは「煉獄」を認めていない。プロテスタント宗教改革（一五一七年）は、煉獄を前提にした贖宥状《しょくゆうじょう》（免罪符）の発行をルターが批判したことに端を発しており、プロテスタントの伝統の中では煉獄の概念は存在しない。「聖書のみ」を原理として掲げたプロテスタント宗教改革にとっては、聖書的根拠を持たない煉獄は、信じるべき正当性を持たないのである。

さて、イスラームにおける来世のイメージはどのようなものであろうか。ユダヤ教やキリスト教と比べるなら、イスラームの来世観、楽園と火獄（地獄）のイメージはきわめて具体的であり、細部の描写がなされている。また、イスラームにとって来世は、信じなければならない対象として「六信」（神、天使、啓典、預言者、来世、予定）の一つに定められている。天国の描写の一例を次に挙げる。

（信仰の）先頭に立つ者は、（楽園においても）先頭に立ち、これらの者（先頭に立つ者）は、（アッラーの）側近にはべり、至福の楽園の中に（住む）。昔からの者が多数で、後世の者は僅かである。（かれらは錦の織物を）敷いた寝床の上に、向い合ってそれに寄り掛かる。永遠の（若さを保つ）少年たちがかれらの間を巡り、（手に手に）高坏《たかつき》や（輝く）水差し、汲立《くみたて》の飲物盃（を捧げる）。かれらは、それで後の障《さわり》を残さず、泥酔することもない。また果実は、かれらの選ぶに任せ、種々の鳥の肉は、かれらの好みのまま。大きい輝くまなざしの、美しい乙女は、丁度秘蔵の真珠のよう。（これらは）かれらの行いに対する報奨である。（クルアーン五六章一〇―二四節）

このようにコーランにおける天国の描写は、快適な環境、少年、おいしい食べ物、美酒、美女などを伴い、きわめて具体的で感覚に訴えるものになっている。天国をこのように描くことによって、この世における善行を促していると言えるだろう。しかし、イスラーム過激派組織が、こうした天国の描写を悪用し、自爆テロによる殉教を天国への約束と結びつけ、テロの実行者を勧誘しているという指摘もある。天国の麗《うるわ》しさに魅了され、地上にいる無実な人々の命を奪うテロ行為は決して正当化されるものではない。しかし、天国に行くことに最後の望みを託すことしかできない、困窮極まる状況に置かれた人々をただ批判するだけでは、問題は解決しないだろう。

現代における終末論再考

ここまで、終末論や死後生についての伝統的な理解を述べてきたが、これらの観念の多くは啓蒙主義時代以降、厳しい批判にさらされてきた。西洋思想における無神論の系譜の先駆けとなったルートヴィヒ・フォイエルバッハ（一八〇四―七二年）は、天国のような観念は、人間の欲望の投影であると考えた。永遠に生きたいという人間の欲求が天国を生み出したというのである。

近代合理主義からの様々な批判にさらされながら、また、自らの伝統を固有の社会環境の下で再解釈する中で、とりわけキリスト教において、終末論は大きな変化を遂げてきた。その変化は、現代のキリスト教の多様性を理解する上でも重要なので、ここで解放の神学、黒人神学、フェミニスト神学における新たな終末論理解を一瞥しておきたい。これらの神学は、いずれも一九六〇年代以降に形成されてきた。それぞれの神学は、ラテンアメリカにおける民衆、黒人、女性が置かれた固有の状況に真摯《しんし》に向き合う中で、伝統的な神学において暗黙の前提とされてきた聖職者中心主義、白人中心主義、男性中心主義に批判的に応答し、新たな運動を生み出してきたのである。

解放の神学

解放の神学は、一九六八年、コロンビアの首都メデジンで行われた第二回ラテンアメリカ司教会議で、ペルーの神学者グスタボ・グティエレスを通じて世に知られるようになった。しかし、解放の神学は、新しい神学思想として登場したのではない。それは民衆による信仰運動を前提とし、その運動に表現を与える神学であると言える。解放の神学では貧困や抑圧などを生み出す社会構造が「罪の状態」であると見なされ、そうした罪からの解放が重要なテーマとされてきた。

グティエレスの『解放の神学』（一九七二年）では、終末論が大きな役割を果たしている。彼にとって、キリストはこの世における解放者であり、それゆえ、そのキリストは終末論的約束を「霊的なもの」とはしない。キリストにおける約束は、地上の現実を見下し、排除するのではなく、それを変革するのである（グスタボ・グティエレス『解放の神学』一七五頁）。彼にとって、終末論は単なる神学的思弁にとどまらず、希望を実現する歴史的実践となる。そのことをグティエレスの次の言葉は明瞭に物語っている。「もし、この希望が、歴史的実践を前進させるべく、現在においてかたちづくられないなら、希望は、単なる逃避、未来の幻想にすぎない」（同、二二三頁）。終末論はこの世の現実を見据えた上で、解放の実践（社会変革）を促す力の源泉としてとらえられている。

黒人解放の神学

ラテンアメリカにおける解放の神学と同時期に、アメリカの公民権運動との関わりから誕生した神学が、黒人解放の神学（黒人神学）である。黒人神学を主導してきたジェームズ・コーンらが、マーティン・ルーサー・キングやマルコムXの運動から直接的に大きな影響を受けていることは言うまでもない。この神学が注視する現実は、アメリカ社会において差別・抑圧される黒人の生である。黒人神学は、教会や神学が白人中心に形成され、その中で、黒人の黒人性はいつも否定的な形でしか受けとめられてこなかった事実を批判的に洞察し、黒人が黒人であることを喜び、誇りに思うことのできるような価値の転換と社会の変革を目指した。その際、伝統的な終末論の再解釈が重要な役割を果たしていた。

黒人神学を牽引してきたコーンの著作『解放の神学』（一九七〇年）において、それを確認することができる。コーンにとって、終末論的状況は、白人と黒人との間に横たわる日々の緊張関係の中に置かれている。それは次のような心情の発露において先鋭化されている。「黒人にとっては、死は実際未来の現実ではない。それは彼らの日常的実存の一部である。彼らは白人を見るたびに死を見ているのである」（ジェームズ・コーン『解放の神学――黒人神学の展開』二七五頁）。この言葉は、この世への耽溺《たんでき》や、あの世への思弁によって、死の現実から逃れようとする白人の営みに対する批判となっている。いずれにせよ、黒人は生のただ中に死を抱えることによって、この世において、生と死の現実に立ち向かっていく。したがって、本来の終末論的展望は、歴史的現在に根拠を持たなければならないのであり、「現在の秩序に挑戦しないような終末論的展望は不十分である」（同、二七六頁）。もちろん、黒人も天国について語るが、それは現実の悲惨さに対する形而上学的な代償では決してない。なぜなら、コーンは、黒人の関心を天国に向けることは白人奴隷主に起因すると考えるからである。しかし、天国はもはや、現実の不正義を受容するためには用いられない。むしろ、天国を信じるということは、地上の地獄を受け入れることを拒絶することを意味するのである（同、二八三頁）。

フェミニスト神学

フェミニスト神学は、女性解放運動の一部として始まり、伝統的なキリスト教の男性中心主義を批判し、女性の視点からの聖書解釈を進めてきた。フェミニスト神学者ローズメアリ・ラドフォード・リューサーは、死後に至るまで自己の永続にこだわるのは、きわめて男性的な特徴であると考える。それゆえ、キリスト教が魂の個人的終末論を強調するようになったことを彼女は批判し、死後の生を模索する個人的終末論に対しては不可知論の立場を取る。それに対し、死を受容することとは、個々の存在の有限性を受け入れることであると共に、より大きな母体への帰属意識を持つことであるとして、それを積極的に評価する（ローズメアリ・ラドフォード・リューサー『性差別と神の語りかけ――フェミニスト神学の試み』三三四―三三六頁）。

以上、概観した解放の神学、黒人神学、フェミニスト神学は、現代キリスト教の新しい潮流であるとはいえ、それぞれすでに四〇年以上の議論と運動の蓄積を有している。伝統的な死後生や終末論が継承される一方で、新しい解釈とそれに基づいた社会変革的な機運は着実に社会に浸透し、時代に応じた変化を遂げている。もっとも古典的とも言える終末論が、同時に現代キリスト教の先端の一部を担っている事実は興味深い。イスラーム世界においては、今なお、伝統的な終末論が圧倒的な影響力を有しているが、グローバル社会の中でムスリムがキリスト教世界をはじめとする多様な世界と接し、交流する中で、あるいは、自らの社会形成を深く考える中で、終末論から社会変革的なエネルギーを汲み取る機運が芽生えてくる可能性はあるだろう。終末論を暴力へと結びつけないための知恵が、一神教世界においては等しく求められているのである。

3　偶像崇拝の禁止

偶像崇拝の禁止と宗教美術

前章において述べたように、古代オリエント世界において一般的であった偶像崇拝、そしてそれに含意される王の政治神学を拒否する点に、唯一神信仰の特徴があった。神は、いかなる地上的な物（偶像）や権威（王）によっても表象することはできないという確信がそこにはある。偶像崇拝の禁止の伝統は、イスラエル（ユダヤ人）の歴史的経験からキリスト教そしてイスラームに引き継がれている、まさに一神教の共通基盤と言ってよいだろう。ここでは、そうした一神教の基本構造が、宗教美術や現代の国際政治・国際紛争にどのような影響を及ぼしているかを考えてみたい。

キリスト教は、偶像崇拝の禁止を聖書的伝統（ユダヤ教）から引き継いだ。当時の地中海世界では、神々や皇帝の像を作ることは一般的であったが、初期キリスト教においては十字架や、救い主イエス・キリストを暗示する魚の図像などの小さなシンボルの使用以外は、原則的に像を作ることはなかった。しかし、四世紀以降、キリスト教が迫害の時期を終え、ローマ帝国の宗教として認められるようになると、教会の中で、文字（聖書）を読むことのできない人々のための教育的なツールとして、絵画が積極的に用いられるようになる。実際、西欧絵画は、四世紀から一七世紀まで、その大部分をキリスト教絵画が占めている。

また、マリア崇敬や聖人崇敬の確立と共に、それらの像を作ることも一般的になった。マリア像や聖人像は一見、偶像のように見えるが、カトリックの信仰にとって、それらは祈りや崇敬の対象ではあっても、それ自体が神的表象となる偶像とは区別される。

ヨーロッパの西方世界の中心となったカトリック教会に対し、東方世界で展開していった正教会では、イコン（聖画像）が重視され、独特の宗教美術を生み出していくことになった。ただし、像を崇敬の対象とすることに対しては、偶像崇拝禁止の立場から批判が投げかけられることもあり、八世紀から九世紀にかけて、ビザンツ帝国ではイコン破壊運動が起こった。最終的には、この運動は否定され、イコン崇敬が復活することになり、現在に引き継がれている。

宗教美術に関しては、宗教改革の時期にも大きな変化が生じた。プロテスタントは、聖書に根拠を持たないものを原則的に否定したので、カトリックのマリア崇敬・聖人崇敬を否定し、とりわけ、偶像否定的な教えを強く持つカルヴァン派の教会においては、教会の内装から宗教画が取り除かれることになった。こうしたプロテスタントの動向に対応するために、カトリック教会は「対抗宗教改革」の中で宗教美術の「近代化」を試みた。具体的には、プロテスタントが否定した絵画の主題を刷新したり、不合理性や官能性を払拭したり、また、よりわかりやすい図像を意識するようになった。こうした宗教美術における改革の担い手となったのが、ルーベンス、カラヴァジョ、レンブラントらのバロック画家であった。

ちなみに、日本に最初にカトリック信仰を伝えたフランシスコ・ザビエルら宣教師は、「対抗宗教改革」の時代精神を背負って世界宣教に出かけていた。そこでカトリック宣教師らが持ち込んだ、宣教の道具の一つが聖母マリアなどの宗教画であった。ヨーロッパ由来の洗練された宗教画の美しさに多くの大名が圧倒されたのである。

イスラームと絵画

キリスト教の中では、以上のように宗派によって、宗教美術の位置づけに違いがあるが、イスラームの場合、絵画に対しては一貫して否定的な立場をとる。預言者ムハンマドを描くことも原則的に禁じられている。偶像崇拝の禁止という一神教的伝統を踏襲しているとはいえ、イスラームとキリスト教の間には、絵画の位置づけに関しては、明確な違いを見出すことができる。その違いを、同じ建物の中で目に見える形で示してくれているものとして、現在のイスタンブール、かつてのコンスタンティノープルにあるアヤソフィア（ハギアソフィア）がある。ローマ帝国のコンスタンティヌス大帝が三三〇年に、この地を都に定めて以来、コンスタンティノープルはシルクロードの終着地として東西文化の交流拠点となった。しかし、十字軍時代には東西の教会が衝突し、さらに一四五三年、メフメット二世がこの地を征服した際、アヤソフィアは正教会の大聖堂からモスクへと変えられた。現在のトルコでは、中立的な扱いをするため博物館とされている。

このアヤソフィアが、ダン・ブラウンの小説『インフェルノ』（二〇一三年）における舞台の一つとなり、主人公のロバート・ラングドン教授（ハーバード大学、宗教象徴学）による謎解きの場ともなっている。アヤソフィアの図像に対するラングドン教授の説明は、キリスト教とイスラームのコントラストを的確に表しているので、少し長くなるが、それを引用してみたい。

「この博物館は」ミルサットが説明した。「この聖域がさまざまな形で使われてきたことを訪問者に知っていただくために、アヤソフィアがバシリカ式聖堂だったころのキリスト教の図像と、モスクだったころのイスラム教の図像を並べて展示しているんです」誇らしげに微笑む。「現実世界では宗教は対立していますが、象徴はかなりみごとに調和していると思いますよ。同意してくださいますね、教授」

ラングドンは心から賛同してうなずいた。かつてここがモスクに変わったときには、キリスト教の図像はすべて水漆喰《みずしっくい》で塗りつぶされた。キリスト教の象徴が復元され、イスラム教の象徴と並んでいる光景は、両者の図像の様式と感性が好対照をなすからこそ、見る者の心を奪う。

キリスト教は昔から神や聖人の忠実な描写を好むのに対し、イスラム教は神の世界の美を飾り文字と幾何学模様で表現することに重きを置く。イスラム教には、神のみが命を生み出せるとする伝統があり、それゆえ人が命あるものの像を作り出す余地はない――神だろうと、人間だろうと、さらには動物だろうと。（ダン・ブラウン『インフェルノ』八八章）

偶像崇拝の禁止という考えを共有しながらも、絵画や図像に対する理解がキリスト教とイスラームでは、いかに異なるかを、その理由と共にラングドン教授は説明している。このような違いを十分に配慮することなく、表現の自由のもとに、預言者ムハンマドの風刺画を挑発的に描くことが、どのような惨事を招いたかを我々は知っている。二〇〇五年、デンマークの日刊紙「ユランズ・ポステン」が預言者ムハンマドの風刺画を掲載したことをめぐり、イスラーム諸国において非難の声が上がり、デンマーク大使館が襲撃されるなど、外交問題にまで発展した。また、二〇一五年には、イスラームに対する風刺画を描いたパリの週刊誌「シャルリー・エブド」本社が襲撃された。表現の自由と信仰の尊重の間の葛藤は、西洋社会において、今後も続くだろう。ムスリムが移民の多数を占めるヨーロッパの国々において、ホスト社会のリベラリズム（表現の自由や宗教的な冒瀆を含む）をマイノリティであるムスリムに強要することが、はたして健全な共生関係を生むのかどうか、考えていく必要がある。

見えざる偶像崇拝

次に、偶像崇拝の禁止という理念が、現代の国際政治・国際紛争にも関わっていることを考えてみたい。ヘブライ語聖書では、異教の神々への礼拝をアヴォーダー・ザーラーと呼び、目に見える偶像（ペセル）に限定していない。つまり、偶像とは第一義的には、石や木などに刻まれた目に見える崇拝対象を意味しているが、それにとどまらず、人の心が生み出す様々な欲望も問題とされており、それを「見えざる偶像崇拝」と呼びたい。

目に見えない人間の欲望に潜む偶像性は、キリスト教やイスラームの伝統においても認識されてきた。宗教改革者ジャン・カルヴァンは「人間の心は、まさしく偶像を作り出す工場である」という言葉を残している。また、コーランには「あなたは自分の思惑を、神として（思い込む）者を見たのか」（クルアーン二五章四三節）という一節があり、自らの思惑（欲望）という偶像に仕《つか》えるのか、神に仕えるのか、という選択が迫られている。拝金主義や支配欲なども「見えざる偶像崇拝」であり、現代の諸問題を考える際には、目に見える偶像以上に「見えざる偶像崇拝」に対する洞察を深める方がはるかに重要だろう。イスラーム学者・中田考は、現代の偶像崇拝を次のように総括している。

現代とは新たな偶像崇拝の時代である。すべてのものが貨幣に換算され欲望の対象となり人を支配する「物神＝マモン」となる「資本主義」、人間生活の全領域を管理する「地上の不死の神＝リヴァイアサン」たる「国民国家」に崇拝を捧げるナショナリズム、マモンの支配「資本主義」とリヴァイアサンの支配「ナショナリズム」という、本質的には自我の投影、神格化である偶像崇拝の二大形態が地上を覆い尽くしつつあるのがこの「現代」という時代であり、この現状認識に立たずしては、なにゆえ今日「イスラームの脅威」が喧伝《けんでん》されるのかは理解できない。（中田考『イスラームのロジック――アッラーフから原理主義まで』三九頁）

ここで的確に指摘されているように、影響力および増殖力において、資本主義とナショナリズムは、かつて王や神的権威を表象していた目に見える偶像を、はるかに凌駕する強大な偶像崇拝としての特性を秘めている。その特性は、西洋を対象化することのできるイスラームの視角からより明瞭に見ることができるかもしれないが、キリスト教神学においてもナショナリズムの偶像性は認識されてきた。ナショナリズムを含む「見えざる偶像崇拝」の特質は、この世における相対的なものに絶対的・崇拝的な価値を与えることであり、そのことをプロテスタント神学者パウル・ティリッヒの次の言葉は明瞭に示している。

偶像崇拝は、予備的関心を根源関心にまで高めることである。本質的に制約を受けているものを無制約的なものと考え、本質的に部分的なものを普遍的なものにまで高め、本質的に有限なものに無限な意味を与える（現代の宗教的民族主義の偶像崇拝は最も良い例である）。（パウル・ティリッヒ『組織神学』第一巻上、二五頁）

ティリッヒがこの引用文を含む『組織神学』を著したのは一九五一年のことであるが、宗教的ナショナリズム（宗教的民族主義）を偶像崇拝として理解する必要性は、九・一一以降の世界において、いっそう高まっていると言えるだろう。ティリッヒは、確かに、国家や人々（宗教集団）が宗教的な情熱を帯びて自己絶対化する危険性を認識している。しかし、神以外のものを絶対視することを偶像崇拝として拒否するティリッヒの考えを、極限にまで高めた主張が、タリバーンやISのような偶像破壊者たちによって担われることになった二一世紀の現実を、ティリッヒが知ることはなかった。つまり、我々は偶像破壊的な思想と行為に含まれる二面性、すなわち、健全な自己批判を促すポジティブな側面と、他者への憎悪や暴力に導くネガティブな側面を丁寧に洞察し、後者を抑制する道を探る必要がある。そのための事例として現代の偶像破壊的行為を二つ取り上げてみたい。

バーミヤンの仏像破壊と九・一一同時多発テロ事件

ISによってシリアのパルミラ遺跡（世界文化遺産）が破壊されたこと（二〇一五年）は世界に衝撃を与えたが、ここではそれに先行するタリバーンによるバーミヤン（アフガニスタン）の仏像破壊（二〇〇一年三月一二日）に注目したい。この事件は、九・一一同時多発テロ事件の半年前に起こっているが、アフガニスタンとアメリカという場所の違いを超えた共通点を有している。結論を先取りして言うなら、バーミヤンでは目に見える偶像の破壊が行われたが、ワールド・トレード・センターおよびペンタゴンでは、目に見える建物だけでなく、「見えざる偶像崇拝」が標的にされたのである。

偶像破壊は一神教の歴史の中で繰り返されてきたが、現代社会において文化遺産を偶像として破壊することは、多くの賛同を得られる行為ではない。しかし、仏像はイスラームが禁じている偶像崇拝にあたるとして、その破壊がタリバーンによって敢行された。国際社会の説得にもかかわらず、世界が注視する中、バーミヤンの仏像を破壊したタリバーンに対し、厳しい批判が向けられたのは言うまでもない。しかし、仏像破壊が世界的に注目されたのに対し、同じアフガニスタンにいる何万人もの人々が餓死している現実が、ほとんど見過ごしにされていることを鋭く指摘するモフセン・マフマルバフ（イランの映画監督）の次の言葉は、大切な問いを投げかけている。

私は、ヘラートの町のはずれで、二万人もの男女や子どもが、飢えで死んでいくのを目のあたりにした。彼らはもはや歩く気力もなく、皆が地面に倒れて、ただ死を待つだけだった。この大量死の原因は、アフガニスタンの最近の干魃《かんばつ》である。同じ日に、国連の難民高等弁務官である日本人女性［緒方貞子氏］もこの二万人のもとを訪れ、世界は彼らのために手を尽くすと約束した。三カ月後、イランのラジオで、この国連難民高等弁務官の日本人女性が、アフガニスタン中で餓死に直面している人びとの数は一〇〇万人だと言うのを私は聞いた。

ついに私は、仏像は、誰が破壊したのでもないという結論に達した。仏像は、恥辱のために崩れ落ちたのだ。アフガニスタンの虐げられた人びとに対し世界がここまで無関心であることを恥じ、自らの偉大さなど何の足しにもならないと知って砕けたのだ。（モフセン・マフマルバフ『アフガニスタンの仏像は破壊されたのではない　恥辱のあまり崩れ落ちたのだ』二六―二七頁）

アフガニスタンで多数の命が失われつつあったが、国際社会が積極的な関心を向けることはなかった。世界の一方には、有り余るほどの富と食糧があるにもかかわらず、日ごとの食事に苦労し、餓死に直面している人々が無数にいる。アフガニスタンをはじめとするイスラーム諸国はソ連やアメリカといった大国の軍事的影響を受け、そのもとで苦渋を強いられてきた。富の占有・貧困の拡大を常態とする資本主義、米国の軍事介入に象徴される帝国主義が、人々の安心と安全を強く脅かしているとすれば、その抑圧を受ける者が、それらの力を偶像崇拝的と見なし、批判するのは不思議なことではない。そして、資本主義（経済的支配）や帝国主義（軍事的支配）といった「見えざる偶像崇拝」の抑圧性・暴力性に立ち向かうために、直接的な暴力が行使され得ることも想像に難くない。

それがきわめて過激な形で現れたのが、九・一一同時多発テロ事件であった。テロリストたちの目には、ワールド・トレード・センターは資本主義の富と暴力を体現した「偶像」として映っていたのかもしれない。ペンタゴンもまた軍事力を体現した「偶像」として映っていたことだろう。だからこそ、あの事件は、多くの尊い人命の損失にもかかわらず、偶像の破壊を見ようとする欲求に形作られた大きな歓喜の声を伴ったのであった。絶望と歓喜を同居させるような偶像破壊行為を繰り返さないために、我々は偶像の背後に何を見るべきなのであろうか。

文化財の破壊やテロを肯定することはできない。しかし、そうした破壊的行為の首謀者たちを断罪したり、軍事的に攻撃したりするだけでは問題は決して解決しない。そして、現代の「見えざる偶像崇拝」が多くの人々に犠牲を強いているとすれば、その構造的な暴力性を洞察し、それを改善していくために地道な努力を続ける必要があるだろう。「見えざる偶像崇拝」は、人々の無関心によって、その力を維持している。我々が一神教について学ぶ意義はここにも存在している。

第四章　一神教世界における戦争——戦争は不寛容の結果か

1　戦争論の類型

九・一一以降の世界の課題

前章において「見えざる偶像崇拝」が様々な暴力や紛争を誘引する可能性と事例について述べた。本章では、暴力さらには戦争が一神教の伝統とどのように関係しているのか、その詳細を見ていきたい。現在、世界で勃発しているテロや、長引いている紛争の多くがイスラームをはじめとする一神教と関係づけられることが多く、一神教、とりわけ一神教の「不寛容さ」こそが戦争の原因である、という批判がなされることがある。不寛容な態度が紛争や戦争と関係しているにしても、それだけが原因だろうか。一神教に関係する紛争や戦争の背景を理解し、それを抑止する道を探っていくために、本章ではキリスト教史の中で現れてきた戦争をめぐる三つの類型、すなわち、絶対平和主義、正戦論、聖戦論を参照軸としながら、他の一神教の戦争理解および平和理解の特徴も描写していきたい。

最初に簡単に説明しておくと、絶対平和主義（pacifism）は、いかなる暴力・武力行使も否定する立場である。正戦（just war）論は「必要悪」としての戦争を認めるが、戦争遂行に条件を課して、戦争が恣意《しい》的に行われることを防止する立場である。聖戦（crusade / holy war）論は、戦争を神によって命じられた善悪闘争と考える立場である。

平和を実現するために自らが信じる正義を実行するという考えはキリスト教社会においても、イスラーム社会においても同様に見られる。歴史的には、十字軍に代表されるように、両者の正義が衝突し、後の時代にまで大きな傷跡を残すような出来事があった。また九・一一以降には、アルカイダ等のイスラーム過激派組織によって、欧米主導の「十字軍」勢力に対する「ジハード」が呼びかけられてきた。そして、こうした状況に対応するために、米国が中心となって「テロに対する戦い」が、日本を含む同盟国に呼びかけられ、その基本的な枠組みは現在に至るまで継続している。

しかし、九・一一がもたらしたのは、それだけではない。九・一一が引き金となって始またイラク戦争（二〇〇三―一一年）は、アメリカにとって軍事的には成功であったかもしれないが、復興の見取り図なしに行われたその戦争は、数々の混乱を連鎖的に引き起こすことになった。それまで比較的安定していたスンナ派とシーア派の宗派間対立の激化や、後にはシリア内戦や大量の難民流出をもたらした。二一世紀の前半において、我々はなおも大国間の覇権の衝突やナショナリズムの興隆を目の当たりにしているが、同時に、国家の枠に収まらないトランスナショナルな過激派組織による武力闘争も止むことを知らない。世俗的ナショナリズムだけでなく、宗教的ナショナリズム（トランスナショナリズム）の煮えたぎる情熱をどのように分析し、抑制できるかに、二一世紀の安全保障の行方はかかっていると言えるだろう。本章では、そうした遠大な目的に直接答えることはできないが、その準備的な考察として、戦争や平和をめぐる議論を歴史的に振り返り、今後取り組むべき課題を明らかにしていきたい。

戦争に対する異なる応答

同じ戦争行為が、正戦論の中で解釈されたり、あるいは反対に、反戦論の中で理解されたりすることがある。その典型的な例として広島・長崎への原爆投下を挙げることができる。アメリカの立場からすれば、それは「大きな悪」を終わらせるための「小さな悪」として、正戦論の中に位置づけられるのがもっぱらである。それに対し、原爆投下は日本では不条理な死を招いた絶対悪として、反戦平和思想や平和主義の起点に据えられている。

一見、まったく正反対を向いているかのような正戦論と反戦論であるが、正戦論でさえ、戦争を無条件に肯定しているわけではなく、むしろ戦争を憎むべき悪と見なしている。ただし、悪しき戦争行為を終わらせるために、それを始めた国に対し応分の制裁を加えなければならない、と正戦論者は考えるのである。さらに言えば、無実な人々が生命の危機にさらされているとき、それを見過ごしにすることは、正義に反すると見なされる。

これらの問題は、一般的に非人道的行為に対し人道的介入をすることとの是非として問われてきた。そうした議論を洗練された形で整理した最初の人物はキケロ（前一〇六—前四三）であろう。彼は『義務論』の中で二種類の不正を提示する。「さて、不正には二種類あって、一つは不正を加える人々に属する不正、もう一つは、不正を加えられている人々からこの不正を退けることができるのに、そうしないでいる人々に属する不正である」（『キケロー選集』九、一四〇頁）。そして、後者の不正に属する人々を次のように描写する。

さらにまた、自分のものを守ることに熱心なためか、さもなくば、人間嫌いであるところから、自分は自分のことだけをするのだと言い、誰にも不正をなしていないように見える人々がある。この人々は一方の不正は免れているが、もう一方の不正に陥っている。というのも、彼らは人生の同胞関係を放棄している。この同胞関係に資するいかなる熱意も労力も能力も提供していないからである。（同、一四三―一四四頁）

キケロは、二種類の不正やそれを防ぐ正義について様々な事例を取り上げ、二つ目の不正に陥らないようにするためには、第三者による介入が「義務」であると論じている。キケロの主張を直接的に現代の正戦論に結びつけることはできないにしても、理論的な枠組みには大きな類似性を認めることができる。後に論じるように、正戦論は歴史を通じて理論的な精緻さを増していくが、時代にかかわらずその土台にあるのは、無辜《むこ》の人々が不条理な死にさらされているとき、いかなる対応をすべきか、という問いである。キケロは「人生の同胞関係を放棄」することのないように、そのような不正に対して介入することの必要性を説いた。人権が広く認知されてきた現代世界においては、人道的介入を正当化する舞台装置はキケロの時代と比べ、はるかに整っていると言えるだろう。

しかし、近現代の多くの戦争が正戦論に従ってなされたのではなく、むしろ力ある国家が弱小国家を略奪する侵略戦争であったことへの反省から、戦争を無条件に否定する絶対平和主義者も存在する。また二〇世紀に限定してみても、自国の遂行している戦争を美化し、さらには神聖視するような「聖戦論」的戦争観が少なくなかった。こういった戦争に対する異なる立場は、複雑さを増してはいるものの、基本的な考え方は現代に引き継がれている。

戦争が宗教との関係で論じられるとき、しばしば問題となるのは「正義」とは何か、という問いである。異なる正義がぶつかり合うときに、どのように折り合いをつけることができるのだろうか。キリスト教の伝統的な正戦論の中では他の宗教の正義の問題はほとんど扱われてこなかった。むしろ、戦争をめぐる三つの類型の中で、イスラームのジハードを聖戦論に分類することによって、イスラームの好戦性を誇張してきた経緯がある。しかし、ジハードを「聖戦」に分類することは、はたして正当であろうか。こうした問いを念頭に置きながら、それぞれの戦争論における論点を確認していきたい。

2　絶対平和主義

絶対平和主義と初期キリスト教

絶対平和主義という言葉を厳密に考えれば、それはいかなる暴力や戦争行為をも否定するので、非暴力（nonviolence）の主張や非戦論と共有する部分が多いと言える。ここでは、正戦論との違いを明確にするために、選択的な平和主義は絶対平和主義の範疇から除外する（それが「絶対」という表現を付加する理由である）。たとえば、反核平和主義者がいかに世界の平和を希求していたとしても、核兵器以外の通常兵器の使用を国際紛争解決の手段として許容するとすれば、それは絶対平和主義とは言えず、むしろ、正戦論に分類されるべきだろう。したがって、ここでは平和主義を厳密に（狭義に）理解した用語として絶対平和主義を使う。

キリスト教の最初期から迫害時代にかけては絶対平和主義が信仰者の基本姿勢であった。つまり、ミラノ勅令（三一三年）以前に、キリスト者が戦争に行ったり、職業軍人になることはほとんどなかった。その理由として、最初期には間近な終末待望（イエスの再臨）が息づいていたこと、また、ローマ軍に参画することは結果的に皇帝崇拝へつながること、などを挙げることができるが、何より、戦いに関わることがイエスの教えに背く行為であるという理解が共有されていた点を理由として挙げることができる。

そうした理解に決定的な影響を与えたイエスの言葉として、「悪人に手向かってはならない。だれかがあなたの右の頰を打つなら、左の頰をも向けなさい」（「マタイによる福音書」五章三九節）や「敵を愛し、自分を迫害する者のために祈りなさい」（同、五章四四節）がある。また、こうしたイエスの教えを反映している次のようなパウロの言葉も、初期のキリスト者の行動指針となっていたに違いない。「あなたがたを迫害する者のために祝福を祈りなさい。……だれに対しても悪に悪を返さず、すべての人の前で善を行うように心がけなさい。……愛する人たち、自分で復讐せず、神の怒りに任せなさい」（「ローマの信徒への手紙」一二章一四―一九節）。これらの箇所に限らず、絶対平和主義のクリスチャンの行動原理は、イエスによる愛の教えに基礎づけられている。

ただし、後述するように、正戦論においてもイエスによる愛の教えがその根拠の一つとして挙げられる。したがって、戦争に対する態度を決定する際、聖書が一義的にある帰結を導き出すのではないことは明らかである。しかし、正戦論者が聖書以外の様々な価値規範や判断基準を持っているのに対し、絶対平和主義者にとっては、聖書、特に福音書に記されたイエスの言葉が圧倒的な価値規範となっている点において、両者は大きく異なっていると言える。このことを戦争に対する意思決定のプロセスに着目して言い換えるなら、正戦論者が状況依存的な推論をせざるを得ないのに対し、絶対平和主義者は状況にあまり左右されない主張点を保持している、ということになる。

いずれにせよ、キリスト教が三一三年にローマ帝国のコンスタンティヌス大帝により公認宗教とされてから、すなわち、コンスタンティヌス体制以降、キリスト教は国家との関係で自己形成を迫られることになる。特に、外敵からの攻撃に対し、どのようにして国家を守るのか、という責任が徐々に自覚されていく中で、アンブロシウス（彼はキケロの影響を強く受けている）やアウグスティヌスによって正戦論の基礎が築かれていく。結果的に、コンスタンティヌス体制以降のキリスト教世界においては、絶対平和主義の考え方は主流から傍流へと移行することを余儀なくされた。歴史的には、アナバプテスト（再洗礼派）、ワルド派、カタリ派、フス派、メノナイト、アーミッシュ、フッタライト、クエーカー（フレンド派）、ブレズリン、ドゥホボールなどを絶対平和主義の例として挙げることができるが、いずれも、しばしば激しい迫害にさらされた小規模な信仰集団であり、絶対平和主義がコンスタンティヌス体制以降に大勢を占めることは歴史上、一度もなかった。

近現代における絶対平和主義の継承者

しかし、数的な小ささは必ずしも影響力の小ささを意味するわけではない。絶対平和主義の考え方は現代に至るまで受け継がれてきており、それが社会変革的な出来事の思想的根拠になっている場合もある。たとえば、古代インド由来の伝統「アヒンサー」(非暴力・不殺生)を重視したマハトマ・ガンディーの非暴力抵抗運動は、トルストイや新約聖書(特に「山上の説教」)の絶対平和主義からも影響を受けている。また、ガンディーの影響を受けたマーティン・ルーサー・キング・ジュニア牧師も、米国における公民権運動の中で、非暴力抵抗運動を実践した。ガンディーやキングらに共通するのは、植民地主義や白人社会が及ぼす暴力的な支配に対し、同じ暴力によって抵抗すべきではない、という考え方である。支配者の論理を克服するためには、異なる論理、すなわち、非暴力を武器にしなければならないと考えたのである。

日本では、絶対平和主義の代表的人物として内村鑑三を挙げることができる。彼は日清戦争のときには、それを「義戦」と見なす主戦論者であった。また、キリスト教は明治政府の近代化政策を補完する役割を果たすことができると考えていた。しかし、戦争に勝った結果、日本の植民地主義政策の中に内村が見たのは、利権を拡大しようとする帝国主義的拡張政策であった。つまり、義戦ではなく単なる侵略戦争に過ぎなかった実態を知ることによって、彼の戦争に対する理解は大きく転換し、新約聖書の思想やクエーカーの思想の影響を受けて、非戦論者としての立場を明確にしていく。内村の非戦論は絶対平和主義の特徴を際立たせている。

武装せる基督教国？　そんな怪物の世に存在しやう筈はありません、武装せるものは基督教国ではありません、武装せる者は強盗であります、（内村鑑三『非戦論』、六三頁）。

この叙述が端的に示すように、キリスト教と武力、あるいはキリスト教と（武装する）国家は峻別されている。また、次の箇所では正戦論の論拠（必要悪としての戦争）を批判しながら、絶対的非戦における平和理解を述べている。

若《も》し戦争はより小さな悪事であつて世には戦争に勝る悪事があると称《とな》へる人がありまするならば其人は自分で何を曰《い》ふて居るのかを知らない人であると思ひます、戦争よりも大なる悪事は何でありますか、……悪しき手段を以て善き目的に達することは出来ません、……平和は決して否な決して戦争を透《と》うして来りません、平和は戦争を廃して来ります、（同、六三—六四頁）

このように、内村の時代の日本においても、正戦論と絶対平和主義の間には、簡単に解消できない緊張関係があったことを読み取ることができる。しかし、言うまでもなく、圧倒的多数の日本人は正戦論あるいは聖戦論の視点から、国家繁栄の手段として戦争を肯定していた。内村の主張には、少数派であるからこそ可能になる鋭利な戦争批判が含まれているが、それが内村の愛国心と両立していたことには注意を払うべきだろう（彼は「二つのJ」、JesusとJapanを愛した）。

戦後の日本は、平和主義を憲法上の重要な理念として掲げてきた。そこで平和主義は、広い意味での愛国心との関係を失い、愛国的であることと平和主義がしばしば対立的にとらえられてきた。憲法九条の改正論議において、そうした側面が際立って見られる。しかし、内村のように、平和主義と愛国心を緊張感のある関係において取り結ぶことは、偏狭なナショナリズムが興隆する現代世界においては、かえって新しい意義を見出すことになるかもしれない。

平和主義をめぐる現代の神学的議論

次に平和主義が現代のキリスト教神学において、どのように継承されているのかを見てみたい。現代のキリスト教平和主義の代表的な人物として、ジョン・ハワード・ヨーダーとスタンリー・ハワーワスを挙げることができる。絶対平和主義は、しばしばプラグマティック（実用主義的）な立場と信仰告白的な立場とに分類されるが、ヨーダーもハワーワスも前者を否定し、後者の立場に立とうとする。すなわち、ある戦いを効果的に戦うために絶対平和主義、非暴力という手段を選んでいるのではなく、その効果の如何《いかん》にかかわらず、キリストに従おうとする信仰的決意が絶対平和主義を要請すると考えるのである。そのことはヨーダーの次の言葉に明瞭に現れている。キリスト教平和主義では「私たちの服従と究極的有効性との間の計算された連結が断絶している」（ジョン・H・ヨーダー『イエスの政治――聖書的リアリズムと現代社会倫理』三二五頁）。その意味では、暴力を拒否することによって、たとえ多くの死者が出たとしても、クリスチャンは暴力に荷担すべきではない。しかし、そのことは、直面する現実に対し絶対平和主義者が傍観するということを意味してはいない。

絶対平和主義が決して信仰者の内面的決意にとどまらず、むしろ社会的実践へとつながっていくことをヨーダーの思想において見ることができる。そうした前提に立って、彼は絶対平和主義者にしばしば投げかけられる質問、たとえば「あなたの愛する人が襲われるときに、あなたはどうするのですか」といった質問に潜む問題点を指摘し、また、個人的・信仰的決断と社会的な規範を区別することの重要性を語りながら、絶対平和主義が、イエスに従おうとする者にとって、今なお切実な課題であることを訴えるのである（ジョン・H・ヨーダー『愛する人が襲われたら？――非暴力平和主義の回答』）。

このようなヨーダーの姿勢をハワーワスも共有している。ハワーワスはすべてのキリスト教倫理は社会倫理であるという立場を取る。そして、平和理解について、キリスト教の見方と一般的な見方とを次のように区別する。

「正義」や「平和」といった大げさな言葉を教会が取り入れたことは、たとえ人々が「イエス・キリストは主である」という意味が分からなくとも、平和や正義なら分かるだろうという考え方が前提となっている。教会は、ナザレのイエスの生涯とその死をぬきにして、けっしてこれらの言葉の真意を知ることなどできない。まさに、ピラトは、ユダヤ地方の平和と正義を（ローマの方法で）守りぬくために、イエスの処刑を承認したのであった。（スタンリー・ハワーワス、ウィリアム・ウィリモン『旅する神の民――「キリスト教国アメリカ」への挑戦状』五〇頁）

イエスの十字架刑を承認したピラトもまた平和と正義のために、それを行ったのである。「ローマの平和」（パックス・ロマーナ）の視点から見れば、その秩序を脅かしかねない新しい運動に対し、厳しい態度で臨むのは道理に適ったことであった。つまり、正義や平和という言葉を掲げていただけでは、こうした支配者の側の論理を批判的に対象化することはできない。

ハワーワスは、九・一一以降の米国の一般的風潮、すなわち、教会が愛国心高揚のための舞台装置とされた状況に対しても、批判的な見解を示した。絶対平和主義は、昨今のアメリカ社会では少数派に属することは間違いない。しかし、少数者であるからこそ、「ワールド・トレード・センターでの出来事をテロリズムと呼ぶなら、広島と長崎もテロ行為であった」(*Sojourners*, November-December 2001)と言い切ることができたのである。アメリカにおいて、広島と長崎への原爆投下は戦後一貫して正戦論の文脈の中で「正しい」行為として正当化されてきた。そこで前提とされてきた国家主義的な正義に対し批判的な目を向けることは決して容易ではない。それを可能にするのは、国家の正義遂行のために十字架につけられたイエスに従うことの他にない、とハワーワスは考えるのである。その当然の帰結として、彼はアメリカ人であることとクリスチャンであることを明確に区別しようとする(一般的には「よきクリスチャン」は「よきアメリカ人」と同一視される)。そして、アメリカ的な正義とキリスト教の正義が一致しないこと、いや、一致すべきではないことを強調するのである。その際、一致し得ない両者の距離を意識化させるのは終末論の働きである。

イエスの倫理は、それにふさわしいコンテクストにおかれないかぎり、すなわちこの世界がまだ知らないなにかを知り、それを構造化する終末論的なメシア的共同体か

ら見ないかぎり、まったく非実践的であるか、まったく厄介なものとなっていくのである。（同、一一八頁）

イエスの倫理、イエスの平和が、この世の秩序や、この世の平和に取り込まれないための神学的視点が終末論である。この世の秩序から見れば、そこに吸収することのできない倫理は「まったく厄介なもの」であるに違いない。このような終末論と絶対平和主義との結びつきはハワーワスやヨーダーに見られるだけでなく、歴史的には多くの絶対平和主義者の思想や運動の中に形を変えて見受けられる。先に触れた内村の場合にも、非戦論と終末論的平和が分かちがたく結びついていた。彼は、世界の平和は「キリストの再来」によってもたらされる、と考えていた（内村鑑三『非戦論』三一三―三一四頁）。

後に聖戦論において触れるように、終末論（特に黙示的終末論）は暴力的なエネルギーの源泉となることもある。しかし、ここで示したように、終末論は、この世の秩序に挑戦する平和主義に力を与えていることも知っておくべきだろう。終末論が持つこの両義性は、戦争と平和の問題を考える際に、重要な鍵となる。

イスラームと絶対平和主義

過激なイスラーム主義者と区別する形で、イスラームは元来「平和の宗教」であると言われることがある（その用語法に対する反論もある）。しかし、イスラームの歴史においては、キリスト教の絶対平和主義に対応するものは見られないと言ってよい。預言者ムハンマドは、マッカ（メッカ）の多神教徒軍と戦って勝利した最初の大規模な戦いであるバドルの戦い（六二四年）以降、自ら二〇回あまり戦いに出陣している。つまり、イスラームの場合は、その最初期から共同体の形成と数々の戦いとは密接な関係にあった。当時の時代状況の中でムハンマドに導かれたムスリムたちはきわめて現実主義的なアプローチを取ってきた。周辺の諸部族と友好的な関係を築く一方、ムスリムの共同体の安全を脅かす者に対しては、自己防衛のため武力を用いた。次のコーランの言葉に典型的に見られるように、アッラーが許す戦いがあると考えたのである。

> 戦いをし向ける者に対し（戦闘を）許される。それはかれらが悪を行うためである。アッラーは、かれら（信者）を力強く援助なされる。（かれらは）只《ただ》「わたしたちの主

はアッラーです。」と言っただけで正当な理由もなく、その家から追われた者たちである。アッラーがもし、或る人びとを外《ほか》の者により抑制されることがなかったならば、修道院も、キリスト教会も、ユダヤ教堂も、またアッラーの御名が常に唱念されているマスジド（イスラームの礼拝堂）も、きっと打ち壊されたであろう。（クルアーン二二章三九—四〇節）

また、キリスト教が、ローマ帝国という強大な国家権力とその迫害のもとで、絶対平和主義の立場を取っていたのに対し、イスラームの場合、最初から、マディーナ（メディナ）を中心としたイスラーム国家の形成と信仰共同体の拡大とが不可分の関係にあり、そもそも国家と宗教の二元論的な関係が存在していない。そのような意味でも、キリスト教の最初期に見られたような絶対平和主義はイスラームには存在しないと言えるが、そのことによってイスラームを好戦的な宗教と評価すべきではないだろう。「あなたがたに戦いを挑む者があれば、アッラーの道のために戦え。だが侵略的であってはならない。本当にアッラーは、侵略者を愛さない」（クルアーン二章一九〇節）といった言葉からもわかるように、不義なる戦いは明確に排除されているからである。

3　正戦論

正戦論の歴史的背景

先に触れたように、コンスタンティヌス体制以降、キリスト教は社会秩序の維持に関心を向けるようになり、特にローマ帝国への蛮族の侵入をめぐって、戦いの必要性を認識していくことになる。そうした課題を聖書に照らして整理し、後の正戦論の基礎を作ったのがアウグスティヌスである。彼の戦争観は次の二点にまとめることができる。第一に、自己目的のために戦ってはならない。ここから、彼は自分の命を守るために相手の命を奪うことは間違いであると考えた。第二に、他者を助けるためには戦う義務がある。それゆえ、国家は外部からの攻撃から国民を守り、また、不当に奪われたものを取り戻す義務がある。また、統治者は社会の平和や秩序を外敵から守るためには、武力を行使すべきであるとアウグスティヌスは考えた。彼の理解はそれまでの時代において優勢であった絶対平和主義を部分的に批判することになり、それは次のように聖書の理解にまで及んだ。

「もしも、主イエス・キリスト自ら「悪にてむかうな」といわれたのだから、神が戦争を命ぜられるわけはないと考える人々があるならば、わたしはいおう、ここに要求されているのは行動ではなく、心の問題である……。」（ローランド・ベイントン『戦争・平和・キリスト者』一二三―一二四頁）

ここでアウグスティヌスは、絶対平和主義者にとって重要な規範的意味を持つイエスの命令を「心の問題」へと変位させ、行動としては悪への抵抗があり得ることを導き出そうとしている。イエスの言動の全体像を視野に入れれば、こうした解釈に無理があることは否めない。しかし、それは戦争を肯定するための最大の障壁がイエスの言動にあることを、アウグスティヌス自身が認識していたことを如実に示している。

アウグスティヌス以降、「正しい戦争」のための基準が徐々に精緻化されていった。トマス・アクイナスやマルティン・ルターにおいても「正しい戦争」をめぐる興味深い思索を見ることができる。こうした神学的伝統を引き継ぎながら、中世スペインのカトリック神学者フランシスコ・デ・ヴィトリア（一四八〇?―一五四六年）や、「国際法の父」と呼ばれるオランダの法学者フーゴー・グロティウス（一五八三―一六四五年）らによって、正戦論は国際法理論の一部としても整えられていく。

しかし、一九世紀に入ってからは、ヨーロッパの先進諸国が強力な軍事力を背景に海外へと進出していき、戦争は帝国主義的拡張政策の必要手段と見なされるのがもっぱらであった。その際に、正戦論が戦争抑止的な機能を果たすことはほとんどなかった。しかし、二度の世界大戦を経て、全面核戦争の危機の時代を迎える中で、国際社会の中で戦争を抑止する一つの価値規範として正戦論が再度見直されるようになってきた。また、現代の国民国家においては、為政者といえども、国民の同意なくしては大規模な戦争行為を決定することはできない。国民を説得するためにも、正戦論に基づいた根拠づけが必要なのである。

正戦論が求める諸条件

正戦論は、戦争を「正しい戦争」（just war）と「不正な戦争」（unjust war）に分類することによって、戦争を正当化すると同時に、戦争に制限を設けようとする。こうした目的を果たすために、正戦論は伝統的に二つの判断基準、すなわち「戦争への正義」（jus ad bellum）と「戦争における正義」（jus in bello）を設けている。前者では、どのような条件が整えば戦争という行為に訴えることが正当化されるのかが主題とされ、後者では、戦争中において、どのような条件を満たすべきかが論じられる。この二つの基準は厳格に区分されるべきであると考えられてきた。なぜなら、ある戦争を始めることが正当化されたとしても、戦争中の行為すべてが無条件に正当化されるべきではないし、また逆に、不当な仕方で戦争が始められたとしても、戦争中の行為に関しては正当な条件が課せられるべきだからである。

次に、歴史的な変遷を経て整えられてきた、「戦争への正義」と「戦争における正義」の諸条件を概観してみたい。これらの諸条件は古い起源を有しているが、同時に、現代の国際社会において戦争を論じる際にも、重要な論点として機能している。したがって、戦争を遂行しようとする国にとっては、これらの諸条件を可能な限り満たしていかなければ、国際社会からの同意を得ることはできない。また、目前に迫った戦争に反対する国にとっては、これらの諸条件を吟味することによって、反対の論拠を固めていくことができる。

わが国の憲法上の基本姿勢は平和主義であるが、戦争反対を唱えるだけでは、国際社会では十分な戦争抑止の力にはなり得ない。国際社会で圧倒的な主流をなしている正戦論の諸条件を理解することなしに現実的な議論を交わすことができないとすれば、たとえ平和主義者であっても、いや、平和主義者であればこそ、正戦論に通じておく必要があると言えるだろう。

戦争への正義

（1）正当な理由

戦争を始めるためには、不当な暴力や攻撃から人々を守ったり、不当な形で奪われた権利を回復する、といった正当な理由が必要とされる。言うまでもなく、領土や覇権の拡大、資源の奪取は正当な理由とはならない。現代では、多くの人命が切迫した危機にさらされている状況に軍事的に介入し、人命救助にあたる「人道的介入」には正当な理由があると認められることが多い。ただし、正当な理由は、独裁者から困窮する人々を解放するといった、一見、人道的と思われる理由にまで拡大解釈され、戦争正当化に利用される危険性もある。

（2）正当な権威

戦争を始めることを決定する人物や組織には、人々によって了解された正当な権威が前提とされる。しかし、ある国において正当な権威が存在していたとしても、それが国際社会における権威の正当性に直接つながっていくわけではない。ある武力行使が国際社会から批判される場合、もっとも多く指摘されるのが、この権威の問題である。NATO（北大西洋条約機構）によるユーゴスラヴィア空爆（一九九九年）の場合にも、また、アメリカが主導したアフガニスタン空爆（二〇〇一年）やイラク戦争（二〇〇三年）の場合にも、国際法的に合法的な権威をもって武力行使がなされたかどうかが問題となった。

現代では、国連（国際連合）および国連安全保障理事会が正当な権威の代表格とされるが、イラク戦争のように安保理決議を経ることなく遂行された戦争もある。イラクへの武力行使については、フランス、ドイツ、ロシア、中国などが反対し、問題となった大量破壊兵器の査察を継続すべきとする主張がフランスやドイツなどから出された。アメリカは、結果的に国連の支持を得ることなくイラク攻撃に踏み切り、国連の権威や有効性が問われることにもなった。

（3）比例性

結果として得られる善が、戦争によってもたらされる悪にまさるという条件が必要とされる。この条件を満たそうとするなら、武力行使によってもたらされる結果（リスク）を計算することが不可避となる。しかし、不断に変化する状況を前にして、その計算の蓋然《がいぜん》性を高めるのは決して容易なことではない。今日では、為政者がマスメディアやインターネットを使い、特定の映像やニュースを国民に流すことによって、派遣される兵士たちの命が危機にさらされるという「悪」よりも「結果として得られる善」を相対的に大きく見せかけることも可能である。この比例性の条件を適切に守ったかどうかは、事後的な検証を待たなければならないことが圧倒的に多い。たとえば、NATOによるユーゴスラヴィア空爆の際の劣化ウラン弾の使用の適否は、軍事介入の適否と合わせて、激しい議論の対象になった。

（4）最終手段

戦争は他の平和的解決が絶たれた場合の最終的な手段として選択されなければならない。この条件には、どの時点で「最終」と見なすのかという困難がつきまとう。平和的な解決を探る忍耐強さと、武力行使の決定の遅延によって事態を悪化させることへの危機感との間には、容易に解消できない緊張関係が常に存在している。先述の通り、イラク戦争開戦前には、フランスやドイツが大量破壊兵器の査察の継続を求め、まだ「最終手段」としての戦争に踏み込むべきではないとしたが、この提案をアメリカ側は拒否した。しかし、結果的に、アメリカやイギリスが開戦の「正当な理由」とした大量破壊兵器の存在は、裏付けられることはなかった。

（5）成功への合理的見込み

成功の見込みのない無謀な戦いは、いくらそれが正当な理由を備えていたとしても「戦争への正義」を持ち得ない。ここでの「成功」は単に軍事的な勝利の意味にのみ限定されるべきではない。武力を行使してまで獲得されなければならない本来の目的が達成されたかどうかが重要となる。たとえば、九・一一に対する報復的意味を持ったアフガニスタン空爆によって、アメリカはタリバーン政権に軍事的には完全な勝利を収めたと言える。しかし、その中で醸成されていった反テロリズムの呼びかけが、アフガニスタンや隣国のパキスタンにとどまらない、テロ拡散の起点となっているとすれば、一連の行為を単純に「成功」と評価することはできないだろう。イラク戦争の場合には、地域の不安定化、宗派間抗争の激化、テロの拡大にとどまらず、IS（イスラム国）の誕生、難民の大量流出にも連動していったことを考えれば、やはりそれを「成功」と呼ぶことはできないだろう。

（6）正しい動機

軍事介入を必要とする正当な理由があったとしても、それが正しい動機によって始められているかどうかが検証されなければならない。少なくとも、国際政治上の利権の拡大や、敵国に対する憎しみが動機となってはならない。しかし、この条件に関しても、比例性の条件と同様、事後的にようやく適否がわかり始めるという側面を持っている。戦争という本来避けるべき行為が正当化される動機づけは、平和の回復という点に収斂《しゅうれん》されなければならない。そして、動機の正しさは、次の「戦争における正義」が要求する原則の中でも検証されることになる。

戦争における正義

（1）区別の原則

武力行使の際には、戦闘員と非戦闘員を区別することが求められる。この条件のもとでは、戦う意志のない民間人や軍事施設と無関係の民間施設を攻撃することは許されない。たとえば、長崎と広島に対する原爆投下は、戦闘員への攻撃を意図したものではなかった。むしろ、民間人を直接に攻撃・殺害することを目的としていたのであり、それは「区別の原則」から言うならば、明らかに禁じられるべきことであった。近年の戦闘においては、高精度のミサイル（精密誘導弾）が用いられることが多いとはいえ、誤爆の危険性はいつも存在している。したがって、「区別の原則」に抵触するような戦闘行為（学校や病院の破壊、民間人の被害）が生じた場合、それは激しい国際的非難にさらされることになる。

（2）比例性の原則

なされた不正を正すのに必要以上の力を行使すべきではない。「戦争への正義」の条件の一つであった「比例性」は武力行使中においても求められる。戦いで成功を収めるために投入すべき武力は必要最低限であるべきであり、それを超えると、戦いの動機が疑われることになる。ただし、多くの戦争で、戦勝国側の兵士が軍事的支配のもとに略奪や強姦などを行ってきたことは歴史が示す通りであり、比例性の原則を遵守《じゅんしゅ》することは容易ではない。戦争終了後に中立的な平和維持活動（ＰＫＯ）が必要となるゆえんである。

正戦論をめぐる現代の神学的議論

以上見てきたように、「戦争への正義」と「戦争における正義」を検証する際の諸条件は、一つひとつとしては曖昧さがつきまとうが、全体として組み合わされた場合に、少なくとも何の条件もないよりは、はるかに武力行使に対する抑止効果を発揮できると言えるだろう。ただし、このような正戦論が様々な歴史的教訓の中から積み上げられてきているにもかかわらず、すでにいくつかの事例を交えながら示したように、実際の戦争は必ずしも正戦論が示す諸条件に対し、慎重な配慮を示してきたわけではない。政治学者マイケル・ウォルツァーは「戦争への正義」に関して精緻な基準を立て、それと膨大な歴史上の事例を照合させていった。そうした作業からわかったのは、「戦争への正義」の条件を満たした事例は、きわめて少ないということである（マイケル・ウォルツァー『正しい戦争と不正な戦争』）。

キリスト教神学の中で正戦論を積極的に展開した代表的人物として、ポール・ラムジー（一九一三―八八年）を挙げることができる。彼は「戦争への正義」には関心を示さず、「戦争における正義」を強調する。彼にとって「戦争における正義」を要請するのは「隣人愛」に他ならない。それを説明するために、彼は「善《よ》いサマリア人」のたとえ（「ルカによる福音書」一〇章三〇―三七節）を引き合いに出す。このたとえ話では、追いはぎに襲われて半死半生となった人を通りすがりの祭司やレビ人は見過ごしていくが、サマリア人の旅人は、その人を宿屋に連れていき、介抱したという話が語られている。しかし、ラムジーはこのたとえ話には記されていない犯行の現場を想起することを促す。

もしあの善いサマリア人が追いはぎによる蛮行の現場に出くわしたとするなら、イエスは彼にどのような行為を求めたであろうか、とラムジーは問うのである。また、アウグスティヌスと同様、絶対平和主義者の行動指針の一つ「悪人に手向かってはならない」（「マタイによる福音書」五章三九節）にラムジーは言及し、イエスは弟子たち対し、だれかが右の頬を打つなら、左の頬をも向けなさいと教えたが、「抑圧を受けている人間がもう一方の頬も打たれるように、弟子たちは彼の顔を上げてやるべきだとはイエスは要求しなかった」と語る（Paul Ramsey, *The Just War: Force and Political Responsibility*, p.143）。こうしたラムジーの主張からも明らかなように、危機にさらされている者や抑圧されている者を救い出すことこそが、愛の行為であり、そのためにたとえ武力を用いることが必要とされても、そうすべきであると彼は考える。したがって、そのような愛に動機づけられた責任を絶対平和主義者は初めから放棄してしまっているとして、彼は絶対平和主義の考えを厳しく非難する。ラムジーにとって、キリスト教の愛の倫理と正戦論とは一体不可分の関係にあるからこそ、「もし正戦論がまだ存在していないとすれば、キリスト者はそれを作り出さなければならない」と彼は言い切ることができるのである（同、一四五頁）。

ラムジーの理解は、正戦論をめぐる議論に大きな影響を与えたが、彼のように絶対平和主義と正戦論を完全な対立関係に置く考え方は必ずしも一般的であるとは言えない。むしろ、その間にある解消しがたい緊張関係に注意が払われてきた。正戦論における「戦争への正義」「戦争における正義」の諸条件が曖昧さを含んでいることからもわかるように、正戦論は諸刃《もろは》の剣としての性格を有している。すなわち、正戦論は国家が簡単に戦争へと至らないような抑制効果を発揮する場合もあれば、逆に、それが、国家が戦争行為へと至るためのレトリカルな準備をする場合もある。

また、価値観や宗教的背景が多様化した今日の社会において、一つの正義を共同体として共有することはきわめて困難である。そうした事実を見過ごしてしまうと、本来、抑圧されている者を救うはずの正義が、かえって、新たな抑圧を生み出す道具となりかねない。したがって、正戦論をめぐる議論を、西洋社会といえども、キリスト教的・啓蒙主義的価値の内部で完結させるのではなく、イスラームなど他の宗教の考え方も考慮しながら、正戦論の伝統を批判的に検証していく必要があるだろう。

イスラームと正戦論

イスラームでは、アッラーのための戦いは許容されてきた。イスラームの戦争理解が取り上げられる際、一般的にジハードが「聖戦」として翻訳されてきたが、これについては注意が必要である。なぜなら、ジハードを聖戦と等置することは概念的な厳密さを欠くだけでなく、イスラームを好戦的宗教と見なそうとする十字軍以来の偏見を助長することになりかねないからである。

イスラームの世界理解によれば、「イスラームの家（世界）」（ダール・アル＝イスラーム）と、その外部にある「戦争の家（世界）」（ダール・アル＝ハルブ）に世界は区分され、イスラームの家の防衛や拡大のための戦いをジハードと呼び、それはイスラームの主権確立と関係のない世俗的な戦争、ハルブとは区別される。ジハードは、イスラームの守護とムスリムの安全の確保を目的として戦争法規にのっとって遂行されるのが、イスラーム法学上の伝統である（中田考『イスラームのロジック』二四二頁）。もちろん、預言者ムハンマドの時代のジハード理解と、現代のジハード理解の間には違いがあり、さらに現代のジハード理解は多様化しているが、正当な武力行使と不当な武力行使の区別を設けるコーランの伝統は今も受け継がれている。その意味では、何を「正当」「正義」と見なすかの基準は異なるにしても、ジハードと西欧の正戦論の間には類比関係が存在していると言える。正戦論者が必要な武力行使を正当化しつつ、不当な戦争を制限しようとするように、ジハードも、アッラーへの献身としての戦いを肯定する一方で、人間の欲望によって駆り立てられたハルブに陥らないように戦いを制限する。その点から考えれば、ジハードの本義は聖戦論より正戦論に近いと言ってよいだろう。

古典イスラーム学やスーフィズム（神との合一を説く神秘主義を核として、個人の内面を重視するイスラーム思想・運動）の伝統では、ジハードは「大ジハード」と「小ジハード」に分類される。大ジハードは信仰を深める個人の内面的戦いであり、小ジハードは（異教徒に対する）武器を取る戦いとされる。この分類に従えば、一般的に「ジハード＝聖戦」とされてきたジハードとは、小ジハードのことであり、さらに言えば、この小ジハードは正戦論との関係で理解した方が適切な解釈の場を得ることができるのである。正戦論の範疇を超えるジハードについては次の聖戦論において言及したい。

4 聖戦論

神（々）に導かれて戦争を戦ったり、神の名のもとに戦争を行う、といった形で、戦争と信仰（宗教）が密接に結びついた聖戦の類型は、古くは古代オリエント世界において見られる。たとえば、シュメール人は、都市国家間の戦いを各都市の所有者である神々の間の戦いとして考えていた。その意味では、戦争は人間同士の戦いであるとはいえ、それは神々の代理戦争としての性格を持っていた。それゆえ、戦争に勝った神はその名を広め、負けた神はその名を失うか、より強い神のもとに吸収されることになった。それは現代の企業が「合併と買収」（M&A）によって再編されていくことにも似ている。

神が戦争を主導するという考え方はヘブライ語聖書においても見られる。その中には神の名のもとに敵を容赦なく攻撃すべきという考え方もあり、次のような箇所にそれを見ることができる。

あなたの意のままにあしらわさせ、あなたが彼らを撃つときは、彼らを必ず滅ぼし尽くさねばならない。彼らと協定を結んではならず、彼らを憐れんではならない。
（「申命記《しんめい》」七章二節）

彼らは、男も女も、若者も老人も、また牛、羊、ろばに至るまで町にあるものはこ

とごとく剣にかけて滅ぼし尽くした。（「ヨシュア記」六章二一節）

このように、主よ、あなたの敵がことごとく滅び、主を愛する者が日の出の勢いを得ますように。（「士師記《しし》」五章三一節）

しかし、こうした古代世界に見られた聖戦論は、キリスト教には直接は受け継がれなかった。とは言うものの、その戦争類型は後の時代になって、すなわち、十字軍遠征の時代を境にして、キリスト教の中にも発現していくことになる。

十字軍の思想

ローマ教皇の呼びかけだけでは一〇万人にも及ぶ人々をエルサレムに向かわせることはできなかった。人々を駆り立てた時代精神として、千年王国思想（切迫した終末観、強い救済待望、反キリストの出現）があった。ウルバヌス二世のクレルモン会議での次のような演説（一〇九五年）は、そのような思想的背景を踏まえてこそ、理解することができる。

かくて互いの間に平和を保つことを約したおん身らは、東方の兄弟たち、神に背く呪われた種族の脅威にさらされている兄弟たちを、救う義務を負うているのである。
（ローランド・ベイントン『戦争・平和・キリスト者』、一四三頁）

ウルバヌス二世による十字軍の呼びかけには、異教徒によって「汚染」された聖地を「浄化」しなければならない、という主張があった。また、人々の間には世界の終末が近い（それゆえ、十字軍に参加して救われたい）という思いがあった。そして十字軍以降、ムスリムはキリスト教徒にとって大きな脅威と見なされ、しばしば「悪魔」そのものとさえ見なされた。

同様のことは、十字軍に対し批判的な距離を取っていたルターにおいても見られる。「教皇がアンチ・キリストであるのと同様に、トルコ人は肉体をもって現れた悪魔である」（『ルター著作集』第一集第九巻、四〇頁）。ここで「トルコ人」とはムスリム一般を指している。ルターは、イスラームを終末時のアンチ・キリスト（キリストに敵対する悪の力）として解釈した。教皇制とイスラームを並置することによって、彼のカトリック教会像をイスラームにも投影することになり、結果的に、イスラームを、行為（業）による義を説く宗教として貶めることになった。

そして、こうした敵愾心《てきがいしん》はムスリムに対してだけでなく、ヨーロッパ内のユダヤ人たちに対しても向けられた。十字軍以前、ユダヤ教・キリスト教・イスラームは直接的な衝突をすることなく共存する術《すべ》を備えていたと言えるが、十字軍以降は、ヨーロッパ世界における反ユダヤ的態度、反イスラーム的態度は決定的なものとなり、それは後の時代にまで大きな影響を及ぼすことになる。この点を理解するために、イスラーム世界から見た十字軍のイメージの一例を紹介しておく。

一九八一年三月、トルコ人メフメト・アリー・アージャはローマ法王を射殺しようとしたのであったが、手紙のなかで次のように述べている。〈私は十字軍の総大将ヨハネ・パウロ二世を殺すことに決めた〉。この個人的行為を超えて明らかになるのは、中東のアラブは西洋のなかにいつも天敵を見ているということだ。このような敵に対しては、あらゆる敵対行為が、政治的、軍事的、あるいは石油戦略的であろうと、正当な報復となる。そして疑いもなく、この両世界の分裂は十字軍にさかのぼり、アラブは今日でもなお意識の底で、これを一種の強姦《レイプ》のように受けとめている。（アミン・マアルーフ『アラブが見た十字軍』四五四頁）

オサマ・ビンラディン以降、イスラーム過激主義グループが自らの暴力的行為を正当化するために「十字軍」を引き合いに出すことは、よく知られている。つまり、彼らの中では十字軍は過去の歴史的出来事にとどまらず、今なお、彼らを鼓舞するエネルギー源の一つであり続けている。このような現代の問題を少しでも解きほぐしていくためにも、十字軍の歴史的背景について理解を深めることは大切だろう。

カトリック内部においても十字軍が持つ暴力性・侵略性は時として問題視された。その転機の一つとなったのが、ヴェンデ十字軍（一一四七年）であった。そこでは異教の神々を信じるスラブ系の人々が襲われた。異教徒であるという理由だけで略奪は正当化されるのか、という神学的な議論が開始され、教会法学の発展と共に、異教徒とは「正しく」戦わなければならない、あるいは、彼らが占有している土地が返還されるならば戦ってはならない、という見解も、そこから出てきた。

このように聖戦と正戦との間の揺らぎを確認することはできるが、十字軍が終わった後も十字軍の思想が形を変えて残り続けたことは、十字軍の専門家として知られている法学者・山内進の次の言葉が語る通りである。

制度化された十字軍が終了した後も、キリスト教の絶対性を前提とする聖戦意識や十字軍によって呼び起こされた浄化志向が、必ずしも人々の意識から消滅することはなかった。しかもそれは、十字軍を否定したはずのプロテスタンティズムのほうに強く現れる。（山内進『十字軍の思想』一五七頁）

十字軍の浄化志向はカトリックにとどまらず、プロテスタントにまで受け継がれていくことになる。この浄化志向の現代版として、ドナルド・トランプ米大統領による排外主義的な方針（移民の制限、白人至上主義の容認など）や、ドイツで二〇一四年以降台頭してきたＰＥＧＩＤＡ（欧州のイスラーム化に反対する愛国的ヨーロッパ人）、および、二〇一七年のドイツ連邦議会選挙で一二パーセントを超える得票率を得て、極右政党として戦後初めて議席を得ることになった「ドイツのための選択肢」（ＡｆＤ）に代表される、移民排斥を主要目的とする右派勢力の拡大を挙げることは、あながち間違いではないだろう。十字軍は聖戦のひな形を作ったが、同時に、聖戦は十字軍に限定されるものではなく、同型の思想や戦争を他にも見出すことのできる普遍的側面を有している。

聖戦の特徴

古代オリエント世界における神々の戦い、十字軍、およびそれ以降の歴史的な経緯を踏まえ、正戦と区分され得る聖戦の特徴（普遍的な側面）を次のようにまとめることができるだろう。

（1）聖戦では戦いを善と悪の闘争と見なす。聖戦においては「より小さな悪を選び取る」といった正戦論における「比例性の原則」は存在しない。存在論的な次元で善悪が峻別されており、自らを善、敵対者を悪と見なす。こうした善悪二元論が思考の枠組みとなったとき、敵対勢力を徹底して「悪魔視」するということも生じる。今日、体制批判的な勢力を即座に「テロリスト」扱いすることも、こうした傾向と関係がある。

（2）聖戦では神聖化された絶対的な目的を追求する。そのため、正戦論にある戦闘員と非戦闘員の「区別の原則」も、しばしば無視される。また、聖戦は特定の宗教集団の主導によってなされるだけでなく、国家（帝国）が疑似宗教的な力（排外的な愛国心）を帯びてなされる場合もある。疑似宗教化したナチズムにおいても、この点は明瞭に認められる（小岸昭『世俗宗教としてのナチズム』）。宗教的イデオロギーを国策の中心に置いた日本による大東亜共栄圏構想においても、「聖戦」としての特質を見ることができる。また、二〇〇一年九月一六日に同時多発テロ事件への報復を十字軍にたとえ、作戦名を「無限の正義」と名づけた（内外の批判から九月二五日に「不朽の自由」へと作戦名変更）ジョージ・W・ブッシュ米大統領（当時）の一連の発言の中にも同様の要素が看取される。

（3）聖戦では世界を戦争状態として理解する。世界が戦争状態にあるという認識が、暴力行為を正当化する道徳的根拠になる（マーク・ユルゲンスマイヤー『グローバル時代の宗教とテロリズム』二七八―二八七頁）。こうした戦争状態の構図を演出するために、しばしば黙示的終末論が利用される。善と悪の最終戦争（オウム真理教の場合、「第三次世界大戦」という言葉が用いられた）、切迫した決断といったイメージを植えつけるために、黙示的終末論の諸要素が時として大きな役割を果たす。

イスラームと聖戦

聖戦に関して、キリスト教とイスラームは近似した特徴を備えていると言える。ただし、ここで言う聖戦はジハードのすべてを包含するわけでなく、先述した正戦論に収まり切らないジハード（小ジハード）に限定して考えたい。たとえばそれは、テロリズムに代表されるように、正当な戦いと不当な戦いとの伝統的な境界設定を意図的に破棄し、無差別的な攻撃をしかけるジハードである。ジハードは本来「イスラームの家」を異教徒の侵略から守る防衛的な戦いであり、近年の例を挙げれば、旧ソ連侵攻時のアフガニスタン、パレスチナ、チェチェン、カシュミールなどにおける武装闘争がそれに該当する。

しかし、イスラーム復興運動の高まりと共に、とりわけ、九・一一以降、防衛的な働きを超えるようなジハード、すなわち、イスラーム世界の浄化と境界の再設定を目指す「革命のジハード」や、「攻撃的ジハード」を唱えるイスラーム主義反体制武装闘争派が伸張してきた（九・一一以降のジハード理解の変化については、小杉泰『九・一一以降のイスラーム政治』二八―三七頁が詳しい）。アルカイダ、エジプトのジハード団などがその代表例である。テロ行為をも辞さない、こうしたグループは自らの行動をジハードと見なしているが、その場合の行動原理や特徴は、先に挙げたキリスト教の聖戦の特質と酷似している。彼らもまた、善と悪の二元論の立場に立ち、無差別攻撃をも容認し得る絶対的な目的を掲げ、ジハードの戦死者には殉教者として楽園（天国）が約束されるという終末論を持っているからである。

しかし、こうした立場はイスラームの中でも少数派である。それゆえ、ジハード＝聖戦とすることによって、十字軍をひな形とするキリスト教の聖戦モデルがジハードの全体に不当にも投影されてしまう危険性を回避するためには、少なくともイスラーム外部の視点からは、ジハードを正戦論との類比で理解した方がよいだろう。イスラームとイスラーム原理主義を区別して、前者を肯定し、後者を否定するという、西欧社会が作り出した恣意的な分類に頼るよりも、イスラーム自体の用語法であるジハードの内実を丁寧に考察した方が、旧来の偏見を取り除くことに寄与するだろう。

同様に、イスラームの「穏健派」と「過激派」という区分をする中で、ジハーディストを後者の典型として糾弾することもよく見られる。穏健派が真実のムスリムで、時に殺人すら辞さない過激派はもはやムスリムとは見なすことができないという考えも、このような区分から出てくる。しかし、多くのイスラーム関連団体や指導者は、殺人などイスラームの教えに反する「行為」を強く批判したとしても、「過激派」と呼ばれる人々の「信仰」に対して批判的判断を下すことはない。ある人を「不信仰者」と判断することを「タクフィール」と言うが、これに関して次の言葉はイスラーム内部の考え方を的確に伝えている。

既述のように、タクフィールはできる限り避けるべきものであり、確定的な根拠がなければおこなうべきではありません。「過激派」を批判する側が早急なタクフィールに走ってしまえば、「過激派」を批判しながらも、「過激派」とおなじ過ちを自らも犯すことになってしまいます。（松山洋平『イスラーム思想を読みとく』六七頁）

実際には、イスラームの「穏健派」も「過激派」も、それぞれ多様化しており、それは解釈の主体が多様化していることに連動している。もはや、かつてのように権威あるウラマー（宗教指導者）の声だけがイスラーム社会に影響を及ぼしているわけではなく、インターネットなどを介して、多種多様な解釈が飛び交う多元的状況にイスラーム社会も突入している。そのような中で「穏健派」「過激派」というレッテルは、ほとんど意味をなさない。むしろ、何が問題とされているのかを丁寧に知ることによって、不当な二元論的分類に陥らないようにすることが肝要なのである。

5　宗教多元社会における正義の模索

アイデンティティの矮小化と暴力

本章の冒頭で、一神教の不寛容さが紛争や戦争を引き起こしているのか、という問いを立てた。そして、戦争をめぐる三つの類型を参照軸としながら、キリスト教あるいはイスラームにおいて多様な立場があることを見てきた。キリスト教は好戦的、あるいはキリスト教は平和愛好的と一言でまとめることなど到底できないような多様性がそこにはあった。その点を考慮することなく、一神教の不寛容さがテロや戦争の原因となっていると言うだけでは、問題の深層を見逃すことになってしまうだけでなく、実際の政治的因果関係を隠蔽《いんぺい》することにもなりかねない。自分自身がどのような立場に立つにしても、他者の立場への理解と関心がなければ、小さな正義と正義が繰り返し衝突することになるだろう。また、他者への関心がなければ、他者の見解の細部や多様性を見ることなく、安易にステレオタイプ化することにもなる。

ここで我々が考えなければならないのは、異なる立場や正義があるにしても、それを非暴力的に関係づけることのできる公共性や共通善の領域を拡大していく作法である。意見が一致しなくても、他者を敵と見なす（悪魔視する）ことなく、対話的な関係を維持することは可能である。そのための対話の作法が求められている。

九・一一以降の世界情勢を論じる際、宗教対立、宗派対立、文明の衝突などの表現を通じて、宗教、とりわけ一神教がしばしば引き合いに出されてきた。しかし、宗教や文明という壮大な分類に振り回されると、実際の社会制度上の問題や、現実に人を動かしている細かな動機づけや思想が見落とされることにもなりかねない。インド出身の経済学者アマルティア・センの次の言葉はその問題を的確にとらえている。

あいにく、そうした暴力をなくそうとする多くの善意の試みもまた、われわれのアイデンティティには選択の余地がないという思い込みに縛られており、それが暴力を根絶する力を大いに弱めることになる。異なる人びとのあいだで良好な関係を築こうとする試みがおもに、（人間がお互いにかかわりあうその他無数の方法には目もくれず）「文明の友好」とか「宗教間の対話」、あるいは「さまざまな共同体《コミュニティ》間の友好関係」という観点から見られれば（現にその傾向は強くなっている）、平和を模索する以前に、人間が矮小化されることになる。（アマルティア・セン『アイデンティティと暴力――運命は幻想である』四頁）

一人の人の背景を意識しながらも、その人自身、すなわち、その人が持つ多様なアイデンティティを見る力は、いつの時代も欠かせない。社会の主流派に属する人々は、マイノリティ集団を十把一絡《じっぱひとから》げに扱い、特定のレッテルを貼ってしまいがちである。一神教＝不寛容、一神教＝好戦的といった単純な等式を振り回すことは、アイデンティティを矮小化し、結果的に暴力や戦争の抑制や原因究明から目をそらすことになってしまうだろう。

多元性へと開かれた正義

現代では、一つの戦いを聖戦と見なす者もいれば、正戦として条件づけようとする者もおり、また絶対平和主義の立場から武力行使を批判する者もいる。そのように複数の戦争類型の間に生じる緊張関係を内包しながら、社会や国家としての合意形成をはからなければならない点に、世俗化し、価値が多元化した近代社会の特質がある。また、戦争をめぐる三類型に対する選択可能性に関しては、社会状況による偏差が大きいと言える。たとえば、米国では聖戦論か正戦論を選択することへの許容度が、絶対平和主義を選択することへの許容度よりはるかに高い状況にあると言える。他方、日本では絶対平和主義を選択することへの許容度は高いが、正戦論に関連する諸条件を丁寧に検証する能力はまだ十分ではない。

戦争に関して多様な類型があることを認識しておくことは重要である。どのような社会であっても、広い意味での聖戦論の誘惑に絶えずさらされていることを認識した上で、正戦論と絶対平和主義との間に無数のバリエーションがあることを「選択の豊かさ」として受けとめていく必要がある。そのようにして選択可能性を向上させることによってこそ、既存のフレームワークを流動化し、合意あるいは妥協への議論を活性化する道が開かれていく。同時に、そのようなプロセスを通じて、戦争をするか、しないか、という二者択一だけが論点ではないことが見えてくるだろう。戦争をしなければよい、と言うだけでは何ら問題解決にならないほどに、この世界には不条理と悲惨とがあふれている。そのような現実を直視しながら、抑圧され迫害される人々といかに連帯し、リスクを分かち合うのか、どのように和解への道を模索するかといった課題が「正義」の問題として論じられていかなければならないのである。

グローバル化する現代世界は、着実に宗教多元的な世界へと移行しつつある。宗教多元的状況の中で平和を維持・構築するためには、正義は多元性へと開かれている必要がある。言い換えるなら、一つの信念体系の中で閉じられた正義を貫徹することは決して美徳とはならない。むしろ、異なる宗教の正義概念を理解した上で、他者の正義を徹底していくことを自己の正義の一部として引き受けていくことが新たな美徳とされるであろう。また、異なる正義概念が激しく衝突しようとする際には、それらが決定的な戦いへと移行しないよう、両者の共存可能条件を政治的・経済的・宗教的に設定することは、国際社会が必要としている新たな知恵に属するのである。

第五章　現代世界における課題——不寛容をいかに抑制するか

1　世俗主義と原理主義

不寛容・暴力を抑制するための模索

前章では、一神教の伝統が、戦争や平和とどのように関わってきたのかを見てきた。戦争は人間の暴力や不寛容が行き着く最悪の事態であるが、戦争にまで至らなくとも、我々の社会には様々な暴力や不寛容があふれている。時に多くの人の命を犠牲にするテロの問題は、現代社会が直面しているもっとも困難な課題の一つである。

個人間あるいは集団間における暴力的対決は、今に始まったことではない。たとえば、創世記は、人類最初の家族において兄弟間の殺人がなされたことを記している。カインによるアベル殺しの物語（「創世記」四章）は、その殺人が妬みから生じていることを伝えているが、他者と比較することによって妬みや支配欲が生じる構造は、個人から国家に至るまで共通したものがある。寛容に他者を受け入れることなく、暴力に訴えて欲望を満たす特性を人間が持っているとすれば、その特性を抑制する方法はないのだろうか。

本章では、繰り返される戦争の愚を乗り越えるために、西洋社会がたどり着いた一つの方法として世俗主義や政教分離を取り上げる。しかし、世俗主義や政教分離が、人間の不寛容を制御するための完全な解決をもたらしたわけではなく、むしろ、現代社会においては、そうした近代的枠組みが、宗教の多元化や宗教的な原理主義によって絶えず挑戦を受けている。ただし、問題は宗教にのみあるのではない。一神教における犠牲、とりわけ、自己犠牲の考えを近代国家は換骨奪胎して継承し、国家が行使する暴力行為を正当化するために用いてきた。一神教が関わる現代的な課題を考えていくために、まずその前提となる近代化・世俗化について考えたい。

近代化がもたらしたもの

社会における宗教の役割が減退していく「世俗化」は、西欧社会の近代化の副産物の一つである。その意味では、近代化は第一義的には西欧社会の歴史的変遷と結びつけられるが、イスラーム世界においても、近代化という言葉は頻繁に用いられる。ただし、そこでは「近代化」と「西欧化」は意識的に区別されてきた。なぜなら、イスラーム圏の多くの国は、西欧諸国によって植民地化された歴史を持っており、国が発展するための「近代化」を求めたとしても、西欧の価値観を無批判に受け入れる「西欧化」には慎重だからである。そうした立場から、イスラーム的な近代化のあり方についての議論も長年なされてきており、その中には「イスラーム的な民主主義」への関心も含まれる。

しかし、西欧的な価値観は、否応なくイスラーム社会にも流入してくる。西欧的な影響に対して批判的な態度を取り、イスラーム的な価値観を堅持すべきだと考える「イスラーム主義者」は、どのイスラーム社会にも存在するが、その主張の程度は様々である。ムスリムの多くが自由や民主主義を尊ぶが、イスラーム法（シャリーア）にどの程度中心的な役割を持たせるかに関しては意見が分かれる。二〇一〇年にチュニジアから始まった「アラブの春」以降、独裁政権の崩壊と共に、中東では新しい社会の模索が始まったが、国民の間でコンセンサスを得るのは決して容易ではない。概して、若者の間では、イスラーム法を過度に強調することなく、自由の拡大を求める声が強い。他方、社会の混乱の中で、立ち帰るべき基軸としてのイスラーム的価値を強調するイスラーム主義勢力も健在である。原理主義については後に述べるが、ここでは、近代化や民主化プロセスによって引き起こされる変化に対する抵抗原理として原理主義（イスラーム原理主義）を位置づけておきたい。

これまでの章で、一神教と言われるユダヤ教、キリスト教、イスラーム相互の違いだけでなく、それぞれの宗教伝統における多様性についても言及してきた。多様性といっても、ただ雑多な考えが散在しているわけではない。一神教社会の内部の多様性を計るための有効な指標の一つとして、世俗主義と原理主義を用いることができる。すなわち、世俗主義と原理主義を価値の両極とし、そこからの距離によって、多様な立場を位置づけることができるのである。そこで、次に、その価値の両極としての世俗主義と原理主義について順に見ていきたい。

世界は世俗化しているのか

「世俗主義」を語る前提として、まず「世俗化」について考えたい。世俗化は、現代では、宗教が社会に及ぼす影響力の低下を指す言葉として広く使われているが、元来、西洋のキリスト教社会がモデルとなっている。もともと、「世俗化」という言葉は、宗教改革の時代に、教会の財産（土地や建物など）を行政に譲渡することを指して用いられ始めたものである。そこから、土地などが教会の支配から解放されるのと同様に、社会や文化が教会権力から解放され、キリスト教の影響が次第に減退していく現象を広く世俗化と呼ぶようになった。

西洋の近代化と世俗化の関係をめぐる議論は多岐にわたり、世俗化の要因や影響をめぐる議論も多様である。しかし、世俗化は社会の近代化に伴う「不可逆な」現象である、という点で、おおむね一致点を見出していた。国や文化の違いにかかわらず、遅かれ早かれ、世界は世俗化し、宗教の影響力はきわめて限定的なものになっていくということである。ところが、一九八〇年代頃から世界的な「宗教復興運動」が起こることによって、世俗化論は根本的な見直しを迫られることになった。

イラン・イスラーム革命（一九七九年）以降、イスラーム圏の各地で目立ってきたイスラーム復興運動や、アメリカにおける宗教保守勢力（福音派）の台頭、欧米における仏教をはじめとする東洋系宗教のブームなど、影響力や形態は異なるが、単に一過性の例外的現象とは見なすことのできない事態に直面して、伝統的な世俗化論の修正が求められることになったのである。

ヨーロッパあるいは近年のアメリカに限定すれば、一般的に社会の世俗化は進行していると言えるかもしれないが、細部については注意が必要である。ヨーロッパではキリスト教に次ぐ第二の宗教としてイスラームが社会に根を下ろしつつあり、ヨーロッパ社会をキリスト教の視点だけから見て、世俗化が進行していると言うと、社会の宗教的多様性を看過することになりかねない。また、アメリカでは自分を「非宗教的」(特定の宗教組織に関わっていない)と考える人が、今や、二三パーセントにも及ぶ(ピュー・リサーチ・センターによる二〇一六年調査)。一九七〇年代から八〇年代において、それが一〇パーセント以下であったことを考えると、ヨーロッパと比べ格段に宗教的と言えるアメリカ社会も着実に世俗化していると言わざるを得ない。しかし同時に、自分自身を「スピリチュアルだが宗教的ではない」(spiritual but not religious)と考える人がアメリカ人成人の二七パーセントに達し、五年前から八パーセントも上昇している(同センターによる二〇一七年調査)。つまり、教会のような特定の宗教組織に帰属することはないが、広い意味での宗教性、すなわち、スピリチュアリティに関心を持つ人の数は増えている。

このように、一見すると世俗化が進行しているかのような社会であっても、その内部においては、宗教のあり方が多様化しつつ、広い意味での宗教性は持続・発展していることに注意を払うべきであろう。また、欧米以外の世界に目を向けると、十分な経済発展を遂げていない多くの国々で、宗教は今なお重要な役割を、個人および社会の次元で果たしている。大ざっぱに言うなら、産業化の進んだ先進資本主義国家では世俗化が進行しているが、人口比的にはるかに多い発展途上国（出生率も高い）の人々の間では宗教の役割は今も大きく、世界全体の人口で見るならば、現代世界は世俗化に向かっているどころか、より宗教的な状況へ傾斜していると言える。結果として、世俗的な価値観と宗教的な価値観のギャップが世界的に拡大しているとすれば、その両者をどのように調停するのかが、今後の重要な課題となるだろう。

世俗主義は解決となるか

世俗化をめぐる以上のような状況を踏まえた上で、次に、世俗化と意味的に類似するが、区別して考えなければならない概念として「世俗主義」について述べたい。世俗化（secularization）が近代化に伴う社会の変化を描写する「記述的な」（descriptive）概念であるのに対し、世俗主義（secularism）は、近代社会のあるべき姿を示す「規範的な」（prescriptive/normative）概念である。世俗主義は、宗教が政治や学校などの公的領域に影響を及ぼすべきではないという立場を取る。欧米では、世俗主義という言葉は「政教分離」(separation of church and state)とほぼ同義に用いられてきた。

政教分離の法的規定が各国において様々であるように、世俗主義の理解にも幅がある。世俗主義の立場では、政府はすべての宗教に対し、原則的に中立である必要があるが、世俗主義を標榜している国家においても、伝統宗教が優遇されることはまれではない。たとえば、インドは憲法上、世俗主義国家であるが、国民の圧倒的多数はヒンドゥー教徒である。全人口の一三パーセントを占めるムスリムは世俗主義のもとではヒンドゥー教徒と対等であるはずであるが、ヒンドゥー・ナショナリズムが高まる中で、両者の間には様々な緊張が生じている。近年特に話題になっているのが、ヒンドゥー教徒にとって聖なる動物とされる牛の取り扱いをめぐる両者の対立である。ムスリムにとって、牛を殺し、食べたり、売ったりすることは問題ないが、ヒンドゥー教徒にとっては、そうした行為は許し難い冒瀆として映る。結果として、ムスリムとヒンドゥー教徒における宗教の自由と宗教の尊厳がぶつかり合うことになる。

世俗主義が厳格に適応されれば、特定宗教に対する差別は法的に許容されないので、宗教的少数者にとっては世俗主義が生存権の要《かなめ》となる。しかし、インドに限らず、宗教的少数者が宗教的多数者によって差別されたり、攻撃されることは後を絶たない。欧米において世俗主義は政教分離として法的に整えられ、宗教的少数者を保護する役割を歴史的に果たしてきた。しかし、世俗主義の単純な適用だけでは解決しない問題が、今や欧米を含め、世界中で起きている事実にも我々は目を向ける必要があるだろう。

原理主義の持つ力と意味

次に、世俗主義とは対極の立場にあるとも言える原理主義について論じたい。原理主義は、世俗主義と同様に、あるいはそれ以上に多義的に用いられるので、その言葉の成り立ちや、意味の幅に注意を向けながら、現代の課題との接点を探っていく。

狭義の原理主義を理解するためには、その言葉が誕生した二〇世紀初頭のアメリカ社会に目を向ける必要がある。ファンダメンタリスト（原理主義者）という言葉は、もともとは一九二〇年代に、米国のキリスト教保守派が進化論や近代的な文献批評学と対決するために用いた「自称」であった。その呼び名は、一九一〇―一五年に刊行された「ザ・ファンダメンタルズ」という一二巻の小冊子のタイトルに由来する。しかし、ホメイニーによるイラン革命（一九七九年）以降、（アメリカから見て）警戒すべきイスラーム運動に対して「原理主義」という言葉がマスコミ等によって転用されるようになり、原理主義と言えば、「イスラーム原理主義」を指すようになった。そこには前近代的なニュアンスが刷り込まれている。

ちなみに、イスラーム世界では原理主義という言葉は自称として用いられず、宗教的理念に基づいた運動は「イスラーム主義」や「イスラーム復興主義」と呼ばれる。また近年、欧米だけでなく、アラビア語圏でも用いられている用語に「ジハード主義」がある。「イスラーム主義」が社会改革を含む政治的な志向性を持つのに対し、「ジハード主義」は武力による理想実現を目指すという違いはあるものの、両者が共有する部分は少なくない（保坂修司『ジハード主義——アルカイダからイスラーム国へ』一四頁）。

現代では「イスラーム原理主義」という言葉がマスコミによって頻繁に用いられるため、キリスト教的な出自は忘れられがちであるが、上述のような言葉の使用法の変遷について理解しておくことは重要である。その上で次に考えたいのは、原理主義の広義の理解についてである。「原理主義」という用語使用の中心舞台が、キリスト教からイスラームに移ったとはいえ、今もキリスト教の中には宗教右派（保守的なキリスト教信仰に基づいた政治勢力）のように「キリスト教原理主義」と言って差し支えない集団は存在している。そして、その類似の構造はユダヤ教や他の非一神教的な宗教にも見出すことができる。つまり、時代の大きな変化の中で、その流れに抗する宗教的・思想的な運動は、広く世界中に類例があり、それらの細部の違いに注意しつつも、地域や組織を超えた共通性を探るためには、広義の原理主義を設定することには一定の意義がある。広義の原理主義をさしあたり以下のように定義することができるだろう。

広い意味で理解すれば、原理主義は、急激な時代の流れに巻き込まれたときにみずからを押しとどめようとする「慣性の力」であり、また同時に、さまざまな堆積物によって流れが堰《せ》き止められようとしたときに、それを決壊させる力でもある。（小原克博・中田考・手島勲矢『原理主義から世界の動きが見える』一五九頁）

広義の原理主義の一例として、マハトマ・ガンディーの非暴力抵抗運動を挙げたい。「イスラーム原理主義」という言葉が耳についた昨今の状況では、ガンディーの運動を原理主義と結びつけることには抵抗があるだろう。しかし、先の定義が示唆するように、原理主義はいったん暴力的な旧来のイメージから切り離して理解した方がよい。そうすることによって、原理主義的な志向性が、決して宗教的武闘派組織の専有物ではなく、これから先の時代も、人類が向き合っていくべき思想の一形態であることが見えてくるからである。

ガンディーはイギリスの支配を脱するために、近代に規定された民族主義的革命ではなく、近代そのものを超えていく原理の上に立とうとした。だからこそ、ネルーら国民会議派が、抵抗運動として蜂起や反乱すら画策しようとしたのに対し、ガンディーは、絶対の「非暴力」こそがインドにとっての唯一の抵抗原理だと考えたのである。ガンディーの説く原理は「真理（サティヤ）」に基づくものであったが、彼は土俗宗教化していたヒンドゥー教の原典に潜在していた精神性を、「近代」に対抗し得るものへと対象化し、普遍原理化した。つまり、土着の宗教性への回帰を説く復古主義ではなく、近代を否定的にとらえ、それを超えるために、伝統の中から、新たな原理である「真理」「非暴力」を打ち立てたのであった。その意味では、このガンディーの運動の宗教的側面は、原典の「再原典化」とも言えるベクトルを有している。宗教伝統が再活性化され、人々に新たなエトス（精神）を吹き込むとき、しばしば、原典の「再原典化」に似た現象が見られる。

プロテスタント宗教改革も、以前からあった聖書に、まったく新たな意味づけと認識を与えたという意味では、原典の「再原典化」を志向したと言える。つまり、宗教改革における「原理」の再発見は、原理主義に通じる側面がある。キリスト教に限らず、他の一神教にとっても、帰るべき起源および抵抗の立脚点としての原典（正典）は大きな意味を持っている。さらに言えば、時代の変化が激しくなるほど、それに抵抗するための力として原理主義的な運動が出てくるのは、グローバル時代における世俗化社会の必然と考えることができる。原理主義は過去の遺物ではなく、その様々な変化形態を我々は、今後も目撃することになるだろう。

イスラーム主義の将来

原理主義は文脈をおさえて理解すれば、時代精神を読み解いたり、文化や宗教を超えた普遍的課題に光を当てることのできる有用な概念であるが、実際、メディアなどを通じて原理主義に付与されるイメージはきわめてネガティブなものであり、注意深く使う必要がある。極端な場合には「イスラーム原理主義者＝テロリスト」というイメージすらある。こうしたネガティブなイメージを相対化し、原理主義を時代遅れの「プレモダン」（前近代的）のカテゴリーに押し込めないために、哲学者ネグリとハートの次の指摘は示唆的である。

原理主義を定義づける反近代の衝迫は、したがってプレモダンではなくポストモダンのプロジェクトとして、よりよく理解されるだろう。原理主義のポストモダン性とは、何よりもヨーロッパ－アメリカによるヘゲモニーの武器としての近代性を拒絶するところにある――そしてこの点において、イスラーム原理主義はじっさいに範例的なケースである――ことが認識されなければならない。（アントニオ・ネグリ、マイケル・ハート『帝国――グローバル化の世界秩序とマルチチュードの可能性』一九七頁）

原理主義を「ポストモダン」に位置づける是非はともかくとして、原理主義に欧米的な近代に対抗しようとする側面があることは疑い得ない。ただし、問題は「近代」をどのように理解するかである。「近代」自体がきわめて多義的で、多種多様なテーマを含むため、恣意的に「近代」を理解してしまえば、それに対抗する力としての原理主義も恣意的で、学問的には使いものにならない概念になってしまう。「近代」の中に、自由、民主主義、人権、男女平等、世俗主義など、様々な意味を読み込むことが可能であるが、いずれにせよ、この言葉の曖昧さにもかかわらず、近代的な価値とイスラーム的な価値の関係は、長く議論の対象となってきた。

多様な議論があるとはいえ、中心にあるのは、イスラームを近代という新たな状況にいかに適応させるかという議論（近代への適応）と、植民地化をはじめとする近代がもたらした不本意な状況に対し、イスラーム信仰の根本に立ち帰ることによって、いかに批判的に対抗できるかという議論（原点回帰）の二つであると言ってよい。前者の近代への適応という議論の中には、世俗化の受容が含まれる場合がある。一九二四年、トルコ大国民議会はカリフ制を廃止し、政教分離を導入した。そこには政教分離こそ「真のイスラーム」であるという独自の理解があった。また、後者の議論を単に「プレモダン」への回帰としてではなく、「ポストモダン」的挑戦として位置づけたのが、先のネグリ、ハートらの主張である。

変化する状況に対し、様々な挑戦がイスラーム社会においてなされ、その一翼を担ったのがイスラーム復興運動であった。しかし、イスラーム的な価値に回帰しようとする原理主義的運動を、単純に「反西洋」と考えるべきではない一例として、エジプトのムスリム同胞団を挙げておきたい。ムスリム同胞団は西洋（イギリス）からの独立とイスラーム文化の復興を目的として、ハサン・アル＝バンナーにより一九二八年に設立された。ムスリム同胞団は、当時、イスラーム社会で影響力を広げつつあった世俗主義（政教分離）的志向に反対し、西洋文明とイスラーム的価値を調和させた「イスラーム国家」の樹立を目指し、エジプトを事実上支配していたイギリスに対するジハードを呼びかけた。こうした闘争的な側面だけに目を奪われ、ムスリム同胞団を反西洋の原理主義として分類するのは明らかに誤りである。彼らの中にあった西洋文明に対する肯定的な理解を踏まえた上で、彼らが「近代」から何を選択的に受容し、また何を拒否しようとしたのかを考えていく必要がある。

「反西洋的」「暴力的」「前近代的」という否定的イメージでまとめられることの多い原理主義の中に、別の姿があることを知ることは、「ポストモダン」の原理主義を予知することにもつながるだろう。イスラーム主義（イスラーム原理主義）には膨大な多様性がある。それを知らずに十把一絡げに批判・弾圧の対象にするのは、穏健な集団を萎縮させ、過激な集団を勢いづかせるだけである（「穏健派」「過激派」の用語法における注意点は第四章で述べた）。安全保障の名のもとに思想・信条の自由が侵害されがちな現代社会において、世俗主義と原理主義の間に適正な緊張関係を見出すことは急務と言えよう。

2　政教分離

倫理的要請としての世俗主義

欧米では世俗主義は政教分離とほぼ同義に用いられてきた。欧米社会が政教分離に至った歴史的背景には地域や国ごとの違いがあり、それは政教分離（世俗主義）の多様な形を生み出した。しかし、文化人類学者タラル・アサドが次のように指摘するように、政教分離の背景には、国の違いを超えて当てはまる共通した動機がある。すなわち、宗教によって駆り立てられた残虐性を終わらせたい、という願望であり、倫理的要請である。

世俗主義の主たる動機の一つとして、従来あまりにもしばしば宗教が焚きつけ、正当化してきた残虐性《クルエルティー》に終止符を打ちたい、との願望があったことは明白である。……制度的宗教を残虐性と結びつけるこの固い信念は、西欧の宗教戦争の体験と、世俗的啓蒙主義と呼ばれる複雑な運動に根ざしている。……しかしまた、宗教運動は、世同情と慎み＝容赦《フォーベアランス》をも説いて（そして実践して）きた。私の論点は簡単である。制度的宗教を暴力や狂信と同一視するのは妥当ではないということである。（タラル・アサド『世俗の形成――キリスト教、イスラム、近代』一三一頁）

ここで「制度的宗教」と呼ばれているのは、西欧の文脈ではキリスト教のことである。そして、西欧が体験した「宗教戦争」とは、フランスで起こったカトリック勢力とプロテスタント（カルヴァン派＝ユグノー）勢力の抗争であるユグノー戦争（一五六二―九八年）や、三十年戦争（一六一八―四八年）などを指していると考えてよい。ユグノー戦争では、アンリ四世（カトリックに改宗）がナントの勅令を発し、プロテスタントにも「信仰の自由」を認め、戦争が終結した。ただし、ナントの勅令は一六八五年に廃止されたため、再度、プロテスタントは自由を剝奪され、国外逃亡を余儀なくされた。三十年戦争は、ドイツを中心とした、カトリック勢力とプロテスタント勢力の抗争であるが、両陣営とも疲弊した後、一六四八年にウェストファリア条約が締結され、戦争が終結した。ウェストファリア条約は、最初の多国間の国際条約と言われているが、これにより主権国家の領土権と主権国家による相互内政不干渉の原則をはじめとする、近代国家の枠組みと国際秩序が基礎づけられることになった。また、このようなプロセスを経て、人々の忠誠の対象が「宗教」から「国家」へと移されていくことにもなった。

このように宗教戦争の経験を経て、その愚を繰り返さないための知恵として、世俗主義が採用されるようになるわけだが、ここで三点、確認しておきたいことがある。一つは、西欧の国々が政教分離を近代的な法制度として確立するまでには、二〇〇年に及ぶ、紆余曲折の歴史があったという端的な事実である。つまり、こうした歴史を踏まえずに、政教分離を近代国家の前提条件として、イスラーム諸国に性急に求めるのは問題だということである。確かに、西欧諸国では民主主義を成立させるための要件の一つに政教分離があるが、歴史的背景の異なるイスラーム諸国に対し、同じ条件を求め、それに対応できない人々を「遅れている」と見なすのは公平ではない。

これに関連して確認したいことの二点目は、イスラームには西洋とは異なる形で、いや、西洋に先行する形で「世俗性」の伝統があるのではないか、ということである。それは一言で言えば、「人間を神格化しない」という伝統である。預言者ムハンマドは最大限の敬意を受けるが、あくまでも人間であって、それ以上でもそれ以下でもない。ヨーロッパが政教分離にたどり着く、はるか以前に、イスラームは人を偶像化・神格化して拝むことなく、人の領域と神の領域を厳格に分けるという考え方、すなわち、徹底した「世俗性」を内包していたと言える。これを広い意味での世俗主義と考えれば、西欧由来の世俗主義だけを世俗主義、政教分離のひな形にする必要がないこと、むしろ、それが不必要な摩擦を引き起こす原因にもなっていることがわかるだろう。

世俗主義に関して確認しておきたい三点目は、宗教による残虐性を抑制するために考案された政教分離を主管する近代国家は、必ずしも残虐性から自由になることができなかった、ということである。その意味でも、先のアサドが「制度的宗教を暴力や狂信と同一視するのは妥当ではない」と指摘するのは、まったく正しい。暴力や狂信の担い手は、宗教的なものに限定されない。むしろ、近代以降の殺戮《さつりく》戦争において明らかになったのは国家の暴力性である。したがって、宗教が暴力とどのように関わってきたのかを冷静に分析する必要はあるが、人間の暴力性を宗教にのみ帰結させてしまうと、より大きな問題の構造を見過ごすことになりかねない。

政教分離の多様性

以上のような点を踏まえた上で、政教分離の出自となった欧米諸国を中心に、その多様性を見ていきたい。政教分離は近代国家の多くが備えている原則である。しかし、その原則が指し示している内容は必ずしも自明ではなく、歴史的・地域的事情により様々なバリエーションがある。ところがそのことが十分に自覚されないまま、宗教に関連した問題に対し、無前提に政教分離を当てはめようとする言説が我が国では少なくない。いまだに解決の見通しの立たない、首相による靖国神社公式参拝をめぐる問題などは、その典型だろう。

日本においては、第二次世界大戦前、神道が国教的な扱いを受けていたが、敗戦後GHQ（連合国軍最高司令官総司令部）のいわゆる「神道指令」（一九四五年）によって、神道は国家から分離され、他の宗教と同一平面上に置かれる一宗教として位置づけ直された。日本国憲法第二〇条はこうした歴史を反映している。

日本はこのようにして、事実上の国教体制から政教分離へと一夜にして移行したわけであるが、そのプロセスを欧米の多くの国家は数百年という月日をかけて行ってきた。実際、各国における政教分離の理解や運用は、それぞれの歴史との関係から、実に多様である。そして、長い年月を経て検証・修正されながら形成されてきた政教分離は、どの国においても、多かれ少なかれ「妥協の産物」であると言える。しかし、血で血を洗うような争い

（宗教戦争）の愚を終息させ、激しい主張の対立を共存へと向かわせようとする知恵、言い換えれば、人間が持つ根源的な不寛容を抑制するための知恵が政教分離には凝縮されている。その意味では、政教分離の運用が困難になりつつある現代であるからこそ、その背景や多様性に目を向けることは重要であろう。そこで政教分離の多様性を理解する事例として、アメリカ、フランス、ドイツを取り上げてみたい。また、その中でトルコと中国についても一瞥したい。

アメリカにおける「教会と国家の分離」

欧米諸国における政教分離は、英語ではもっぱら Separation of Church and State（教会と国家の分離）と表現され、それは Separation of Religion and State（宗教と国家の分離）ではない。アメリカの事情に即して言い換えれば、それは特定教会・教派と国家の分離であって、キリスト教と国家の分離ではないということである。

すなわち、国家が特定の教会や教派のために公金を使ったり、特定の教会・教派の信者を就職・参政権などで優遇することは憲法違反であるが、宗教が政治に関与することは問題ではない。むしろ、多様な教会的伝統が国家形成に積極的に参与できるよう、特定の教派が突出した政治権力を行使できない枠組みを用意するということに重点が置かれている。したがって、アメリカ的な政教分離理解に立つ限り、特定の宗教が政治活動に参画することに違憲性はなく、実際、毎回の大統領選挙において、キリスト教保守勢力（宗教右派）の集票活動は大きな影響力を持っている。

政教分離原則は合衆国憲法修正第一条（一七九一年）に定められている。「連邦議会は、国教の樹立（establishment of religion）を規定し、もしくは信教の自由な行為（free exercise thereof [=of religion]）を禁止する法律を……制定することはできない」。アメリカに限らず、政教分離の原則は、国教制度および、それがもたらす宗教的不寛容に対する抵抗の結果、得られたものである。アメリカは国教制度を憲法によって否定した世界史上最初の国であるが、その背景には植民地時代、宗教的不寛容によって引き起こされた経験への反省がある。

そもそも、建国の父たちは英国における宗教弾圧を逃れ、信教の自由を求めて新天地へと渡ったのであった。後に形成された植民地では、それぞれに国教会制度や公認教会制度がしかれた。たとえば、マサチューセッツでは会衆派教会、バージニアでは英国国教会という具合に、ヨーロッパの教派が新大陸にも持ち込まれ、時として、公認教会以外の教派に対し、激しい差別と弾圧とが行われた。したがって、多様な教派的背景を持った植民地を束ねて一つの連邦国家を建設するためには、政教分離を導入せざるを得なかったし、また、各教派からすれば、国家からの不当な介入を避けたいという願望が政教分離によって叶えられたのである。

「見えざる国教」としてのキリスト教

しかし、ここには一つの留保が必要である。これまで自明のごとく「宗教」という言葉を用いてきたが、その意味解釈こそが、各国における政教分離をめぐる論争や裁判の焦点となってきた。解釈の難しさは主として、政教分離が前提とする「私的領域」と「公的領域」の区別と、そこにおける「宗教」の位置づけに起因する。

宗教を単に個人の内面的な事柄と理解するだけであるなら、信教の自由が保障されさえすれば、問題の多くは解決する。しかし、実際、政教分離における問題の多くは、宗教が公的領域にまで及んでいること、あるいは、政治そのものが宗教的次元を持っていることに関係している。

アメリカの宗教社会学者ロバート・N・ベラーはそうした構造を先駆的に指摘し、多民族国家アメリカを統合している価値の体系を「市民宗教」(civil religion) と名づけた (『社会変革と宗教倫理』)。森孝一がそれを「見えざる国教」と言い換えていることにも示唆されているように (『宗教からよむ「アメリカ」』)、市民宗教には国教に近似した機能が内在している。

個人の信仰や具体的な宗教組織に目を奪われ、こうした宗教の公的次元を見落としてしまうと、厳格に政教分離の原則を定めている米国において、なぜ大統領就任式 (大統領は聖書に手を置いて就任の宣誓をする) などが、キリスト教式で行われているのかということが理解できなくなる。政教分離の原則と「見えざる国教」とはそもそも矛盾関係にあると言えるが、両者の間の不即不離の緊張関係が米国社会の活力源にもなっている。

宗教の私的領域と公的領域の区分をめぐる問いは、日本に対しても向けられるべきだろう。日本人一般の宗教性をキリスト教のような一神教的宗教概念を基準にして測ることができないことは繰り返し言われてきた。しかし、少なくとも戦前の日本の政教関係は国教制度にきわめて近いものであった。また、欧米的統治システムを模するために、本来多神教的な神道の伝統の中に、至高の現人神《あらひとがみ》を中核に据えた強力な一神教的システムを導入した。そこでは、天皇と天皇制によって象徴される権威と聖性のパラダイム、万世一系の神話、また国家に忠義を尽くして亡くなった者の死後生などが「現人神」のもと「見える国教」の中で儀礼的表現を見出していた。

GHQによる戦後処理は、そうした体系のすべてを解体したのであろうか（島薗進『国家神道と日本人』は、国家神道は必ずしも解体されていないと論じている）。あるいは、その価値体系は「見えざる国教」に姿を変えて、現在の日本社会に受け継がれているのであろうか。こうした問いに真摯に向き合うことなく、靖国論争が終息することはないだろう。

広義と狭義の政教分離

ここまで政教分離を最初に明文化したアメリカを取り上げてきたが、それを一つの参照軸として、他のタイプの政教分離も考えていきたい。政教分離は、その分離の質と程度によって、「広義の政教分離」と「狭義の政教分離」に分けられる。広義では、政教一致（宗教的理念が政治を統御する）は拒否されるものの、宗教的慣習など宗教の公的領域は容認される。それに対し狭義では、宗教の公的領域に対しても厳格な中立性が要求される。たとえば、英国は国教会制度をとっているので、狭義に理解すれば英国に政教分離は存在しないが、広義では政教分離があると言える。また、狭義の政教分離は「友好的分離」と「敵対的分離」に分けられ、それぞれの代表例としてアメリカとフランスが挙げられてきた。ドイツはその中間に当たると考えられる。完全な類型化はできないにせよ、政教分離という言葉を用いる際に、広義か、狭義か、友好的分離か、敵対的分離かに関しては、可能な限り自覚的である必要がある。この自覚は日本での政教分離の議論の際、しばしばご都合主義にかき消され、それが議論の収束が得られない一因となっている。

以下では政教分離の観点から論争に発展しやすい教育問題に的を絞って、具体的な論争の事例をいくつか取り上げる。まず敵対的分離に分類されているフランスを取り上げ、その次に広義と狭義の中間に位置するドイツを取り上げ、最後に、友好的分離のアメリカについて再度言及したい。

フランスとライシテ原則

フランスが「ライシテ」（非宗教）政策を取るのは、フランス人権宣言（一七八九年）の精神にまでさかのぼる。その後、国民議会が、教会財産の没収や修道院の廃止など、カトリックに対する徹底した弾圧を行い、国家の非キリスト教化を進めることになった。フランス革命の起こった一八世紀末には、カトリックと絶対王政とが結びつき、人々はその束縛や圧制に苦しめられていた。そうした教会や領主への従属からの解放を求めて革命は起こったのであり、そこから、生まれ育ちや、宗教、信条によって人は差別されるべきではないという人権思想の基盤が形成された。

ナポレオンの時代にはカトリックとの協約（コンコルダート）が結ばれ、宥和《ゆうわ》的な政教関係も一時存在したが、一九〇五年に「教会と国家の分離に関する法律」（政教分離法）が成立することによって、現在のライシテ原則の基礎が確立した。これによって、宗教と政治の分離、信教の自由、国家の中立性などの基本原則が確認されることになった。しかし、その運用や解釈をめぐっては、その後も議論が続き、その議論に拍車をかけることになったのが、学校でのヒジャーブ（スカーフ）着用問題であった。

一九八九年、ムスリムの女子生徒がヒジャーブを着用して登校してきたことが、フランス教育界を揺るがす大きな論争となった。これは、イスラームを背景に持つ移民たちの間に、自らの宗教的アイデンティティの確認と連動した宗教回帰現象が興隆してきたことを示す象徴的な出来事であった。また歴史的に言えば、ライシテは対カトリック的なものとして始まったが、今やその主たるターゲットはカトリックではなく、イスラームになったという社会の変化を、この論争は示していた。フランス国内には四〇〇万人ほどのムスリムが居住しており、イスラームはキリスト教に次ぐフランス第二の宗教になっている。

この議論の決着は、二〇〇四年に通称「スカーフ禁止法」の制定によってなされた。この法律は、公立学校で宗教シンボルを「これ見よがしに」着用することを禁止しており、そこにはキリスト教の十字架やユダヤ教のキッパ（ユダヤ教男性が頭部に載せる丸い布）なども含まれるとはいえ、事実上、ムスリムのスカーフを標的としていたのは明らかであった。これに続く、二〇一〇年の「ブルカ禁止法」は、公共の場所で顔を隠す衣服の着用を禁止するという中立的な体裁を持つものの、その主たる標的はムスリム女性のブルカやニカブ（顔全体や全身を覆う着衣）であった。政府は身元確認の必要性など、安全保障上の理由を挙げるが、イスラームが公的な空間で可視的存在となることへの抵抗としてライシテ原則が援用されていると言える。

ライシテの原則を適用する際に、宗教＝キリスト教と同一視できた時代であれば、これほどまでに問題は大きくならなかっただろう。ライシテが標的とする主要宗教が、キリスト教からイスラームへと変化し、それが同じ一神教の伝統に属しているとはいえ、前者はマジョリティであり、後者はマイノリティであるという違いは大きい。宗教的マイノリティの信仰の自由を保障することは、ライシテ原則に含まれるが、それが実質的に阻害されているのが現実であり、そこに在仏ムスリムたちの不満の源泉がある。

かつて宗教（フランスの場合はカトリック）は国の統一のための接着剤であったが、それが確執の種、分裂の誘因となり、国民統一のために、公共空間から宗教を排除する必要が生じた。それがフランス共和国の歴史であり、ライシテは統一への執着と不可分である（ルネ・レモン『政教分離を問いなおす――EUとムスリムのはざまで』一四七頁）。しかし、宗教の営みは、着衣に限らず、常に社会的側面を持つのであり、原理主義的なライシテ派が主張するような形で、純粋に私的な領域に閉じ込めることはできない。統一された社会のイメージの中にムスリムを描き込むことができるのかどうか、フランス社会の新たな模索はまだ始まったばかりである。

ドイツにおけるスカーフ論争および宗教教育

宗教改革に端を発するカトリックとプロテスタントとの争いは、アウクスブルクの宗教和議（一五五五年）によりいったん終結し、これによってルター派は神聖ローマ帝国内においてカトリックと同じ権利を認められることになる（カルヴァン派や再洗礼派の権利は認められなかった）。カトリックとルター派のいずれを選択するかは、諸侯と帝国都市当局にゆだねられており、ここから領邦教会制が成立した。つまり、領邦君主が、その領域内の教会財産や修道院領を接収し、教会統治権を掌握するのである。このような国教会体制は、ドイツだけでなく、ルター派を受け入れた北欧の諸王国においても実現した。

こうした歴史的な経緯から、ドイツにおいては教会と国家は対立的というよりは、はるかに相互依存的な関係にある。その点でフランスとは異なるが、ドイツはフランスと同じくスカーフを禁止している。ただし、ドイツでスカーフの着用が禁じられているのは生徒ではなく教師である。生徒によるスカーフの着用は宗教的な自由として保護されるべきだと考えられてきた。それに対し、教師は国家の代理人として教室に立っているのであって、自分自身の思想信条からは一定の距離を置き、中立であることが求められたのである。しかし、二〇一五年、ドイツの憲法裁判所は、教員の宗教的シンボル着用を一律に禁止しているノルトライン＝ヴェストファーレン州の法律を無効にする判決を下した。女性教員二人（トルコ系ムスリム）が職場でスカーフを着用したことにより差別的待遇を受けたことを憲法裁判所に訴えたのであるが、憲法裁判所は、公立学校でムスリムのスカーフ着用が禁止され、キリスト教や西欧の価値観や伝統を表すシンボルが許されているのは差別的であるという判決を下したのである。この判決は他の州にも影響を及ぼし、ドイツでのスカーフ論争は今も進行中である（これまでの経緯については、クリスチャン・ヨプケ『ヴェール論争――リベラリズムの試練』が詳しい）。

では、ドイツでの宗教教育はどのようになっているのだろうか。連邦国家であるドイツでは、教育制度は基本的に各州に任せられている。ドイツ基本法第七条第三項には「宗教教育は、公立学校においては、宗教に関係のない学校をのぞいて、正規の教科目である。宗教教育は、国の監督権をさまたげることなく、宗教団体の教義に従って行われる」と記されており、通常、宗教教育は、カトリック教会およびプロテスタント教会の指導のもとでなされている。カトリックとプロテスタントの授業のほか、どちらも受けたくない生徒には「倫理」の授業も認めている。

ただし、ドイツの中でも宗教教育を緩やかに運用している地域もある。いや、正確に言うと、そうせざるを得ない地域がある。それは旧東ドイツに当たる地域であるが、そこでは戦後一貫してマルクス主義倫理が教えられてきたこともあって、宗教の授業を取る生徒はごく少数に過ぎない。旧東ドイツも、統一後はドイツ基本法に明文化された宗教教育の理念を受け入れているのだが、現実的には、宗教教育は十分に機能しておらず、同じドイツ内といえども、保守的なバイエルン州などと比べると、宗教教育の実情に関して大きな差がある。

また、近年、問題とされているのは、ドイツ国内に三〇〇万人いると言われているムスリムの子どもの宗教教育をどのように行うべきか、ということである。ドイツ福音主義教会（ここでの「福音主義」は「プロテスタント」を意味する）は、一九九九年に「ムスリム児童に対する宗教教育」という報告書を作成した。そこでは、先に挙げたドイツ基本法第七条第三項の条文にある「宗教団体」をキリスト教会に限定せず、イスラーム教団体にまで拡張して解釈する方針を打ち出した。その報告書の中では、ムスリムのための宗教教育実現に至る様々な問題点も指摘されているが、従来、「宗教教育＝キリスト教教育」とされてきた構図に、宗教的寛容の精神を大胆に取り入れた基本姿勢は徐々に共有されてきており、ベルリンをはじめ北部のリベラルな州やムスリムの多い州では、宗教教育の一環としてイスラームが教えられ始めている。その際、教科書作りなどで、トルコの宗務庁の協力を得ている。そこで次に政教分離のタイプの違いを理解するために、ドイツとトルコの政教分離を比較してみよう。

ドイツとトルコの比較

ドイツにいる三〇〇万人のムスリムのうち七五パーセントはトルコ人である。一九二四年、トルコが建国時に政教分離を導入したことは先に述べたが、この政教分離はフランスのライシテをモデルにしたものであり、トルコ語では「ライクリッキ」と呼ばれている。つまり、トルコの政教分離は、先に示した類型に従えば「狭義の政教分離」の中の「敵対的分離」となる。ライクリックが長らく国是とされてきたが、レジェップ・タイイップ・エルドアン率いるイスラーム主義政党である公正発展党が二〇〇二年に政権を奪取して以来、イスラーム的な価値を公共の場に取り戻そうとする動きが強まってきた。結果的に、軍を中心とする世俗主義派との確執も大きくなり、二〇一六年には軍によるクーデター未遂事件が起こり、民間人を含め、多数の死傷者や逮捕者が出た。

ドイツは、歴史的な背景からも、また、憲法上の宗教教育の規定からも「広義の政教分離」になる。スカーフ論争のような未決着の課題はあるものの、公的領域における宗教の存在・活動が認められているからである。この点で、公的領域から宗教を原則的に排除する、フランスの「敵対的分離」とは明らかに異なる。このような政教分離のタイプの違いを踏まえると、次に挙げる内藤正典の言葉は、トルコ事情に詳しい専門家の知見として、説得力を持って受けとめることができるだろう。

トルコがこのタイプの世俗主義〔ドイツの政教分離（引用者注）〕を採用していたら、九〇年間、政治と宗教のあいだでここまで激しく対立することはなかったと思う。軍がクーデタを起こす回数も少なくて済んだかもしれない。だが、今となっては仕方ない。トルコが選んだのは、個人でさえ、政治はもちろん公教育のような場に、宗教を表す服装やシンボルを持ち込めないというフランス型のライシテだったのである。だが、フランスと違うのは、宗教を徹底した国家管理の下に置いた点である。世俗主義の運用方法としては、フランスというより、かつてのソ連に似ている。国家に反逆しない限りにおいて、宗教活動を認めていたからである。（内藤正典『トルコ――中東情勢のカギをにぎる国』三四頁）

内藤は、トルコとフランスの共通点と違いを適切に描写しているだけでなく、同じ政教分離でもタイプの違うものが適用されることによって生じる結果の差を示唆している。単純に政教分離は重要であると言うだけでは意味をなさず、むしろ、どのようなタイプの政教分離なのかを考えるのが重要であることが、ここからもわかるだろう。

トルコの宗務庁は国内のすべてのモスクを管理し、イマームら宗教指導者を公務員として採用し、その養成学校も監督運営している。その意味で、イスラームは徹底した国家管理のもとに置かれている。内藤は類例として旧ソ連を挙げているが、現代で言えば、中国を挙げることができるだろう。

トルコの宗務庁に対応するのは、中国では国家宗教事務局となる。また、中国では仏教、道教、イスラーム、カトリック（天主教）、プロテスタント（基督教）が「公認宗教」とされている。中華人民共和国憲法の第三六条では「中華人民共和国の公民は、宗教信仰の自由を有する」とされるが、それは「国家に反逆しない限り」認められる自由である。宗教事務条例の第三条「宗教団体、宗教活動施設および信者は……国家統一、民族団結と社会の安定を擁護しなければならない」が、そのことを明確に語っている。国家の統一を脅かすと見なされれば、いかなる宗教活動も厳しく制限されることになるだろう。しかし、国家の統一と、そもそも国家の枠を超える宗教の活動が時に緊張をはらむことは、中国に限らない。先にフランスの事例において、ライシテは統一への執着と不可分であることを指摘したことからもわかるように、洋の東西を超え、近代国家が抱える共通の課題をここに見出すことができる。

アメリカ公立学校での祈り

アメリカでは「原理主義」の誕生と進化論論争が密接に結びついていたことからもわかるように、公立学校における進化論の取り扱いについては長い議論の歴史がある。しかし、ここでは進化論論争ではなく、より密接に政教分離に関連した事例を一つ取り上げたい。

テキサス州の公立高校で、フットボールの試合の開始前に伝統的に行っていた生徒代表の祈りに対し、反対する生徒や親が違憲訴訟を起こしていたが、連邦最高裁は二〇〇〇年、憲法修正第一条に反するとして違憲判決を下した。最高裁は一九六二年、州によって作成された祈りを教室で朗唱することを違憲と判断し（エンジェル事件）、一九九二年には公立学校の卒業式で牧師が祈りを捧げることも違憲としていただけに、生徒による「自発的な祈り」に対する判決に全米の注目が集まっていた。

判決の結果は、政教分離を厳格に適用する従来の路線の踏襲として理解できるが、厳格な政教分離といっても、フランス型の「狭義の政教分離」の「敵対的分離」とは異なり、アメリカの場合は「友好的な分離」である。公的な場における宗教性は今も一定程度容認されており、それゆえに学校での祈りの復活を求める草の根的な運動（宗教右派が先導していることが多い）もなくなることはない。公立学校での祈りをめぐる議論は、中絶や同性愛と共にキリスト教保守派を大同団結させてきた要素でもある。

具体的な判決の中に「見えざる国教」と政教分離原則の間で揺れ動く米国のナショナル・アイデンティティを垣間見ることができる。また、こうしたせめぎあいの中で政教分離の境界設定がなされていく点に、米国の民主主義のリアリティがあると言えるだろう。

市民社会再形成のカギ

以上見てきたように、世俗化や宗教の多元化が進行し、また国家概念そのものが大きく変動しつつある時代において、政教分離の原則を形式的に適用して問題解決を図れる国家など存在しないだろう。欧米の歴史では、宗教・宗派を個人が選び取ることのできる制度を追求していく中で、近代的な人権思想や個人主義、民主主義が成立し、成熟してきた。

政教分離をめぐる問題群は、今日の多層的な宗教のあり方への洞察を要求するだけでなく、多民族・多文化を包摂できる市民社会の形成が不可避であることを明瞭に語っている。

その意味では、これらの課題はその解決を為政者に任せておくべき性質のものではない。むしろ、それぞれの国の国民が、自分たちの社会をどのような理念に基づいて形成していくのかを考えなければならないことを、政教分離をめぐる問題は示している。

アメリカの法哲学者マーサ・ヌスバウムはこの問題を次のように受けとめている。彼女の議論はアメリカ社会を前提にしているとはいえ、ここで提起されている課題はアメリカに限定されない普遍的な側面を有している。

「政教分離」が善い考えである場合には、それが平等な尊重を支持し、一つの宗教の教義を国教として樹立することで、ある市民の集団を中傷したり、社会的に周辺に押しやったりしてしまうようなことが公共の分野で起こらないようにするという点で善いのである。文字どおりに解釈された全面的な分離など本当に信じている者は誰もいない。現代の国家は人々の生活の隅々にまで姿を現すのであり、もし私たちが本当に政治と宗教を徹頭徹尾分離しようとするのならば、深刻な不公平の状況に立ち至るだろう。……だから、単なる分離という考えだけでは、私たちの指針としては使えない。政教分離がどの程度まで、そしていつ、善いものになるのかを教えてくれる、別の指

針となる理念が必要なのだ。（マーサ・ヌスバウム『良心の自由——アメリカの宗教的平等の伝統』一七頁）

政治と宗教の徹底した分離が、かえって不公平を生み出すという指摘は、フランスの現状を顧みれば、納得できるものがある。問題は分離をいかに厳格化するかではない。政教分離を適正に運用するための別の理念が必要なのである。ヌスバウムは、それを宗教的平等や良心の自由に求めている。宗教的少数者がその信仰のゆえに不利益を被《こうむ》るようなことや、人の内心（良心）が外的な力、とりわけ国家の介入によって制限を受けるようなことがあってはならないという信念が、そこにはある。こうした理念を少しでも実現に近づけるための社会的な装置として政教分離を運用すべきなのであって、政教分離によって平等や良心が脅かされることは本末転倒だと言えるだろう。

しかし、現実には様々なレベルで平等が脅かされ、また多数派が依拠する社会秩序の維持のためには少数派が犠牲となるのは当然とされてきた。そこで次に、犠牲の観念がどのように歴史的に引き継がれ、また現在においてもなお大きな役割を果たしているのかを見ることにする。

3　犠牲の論理

「犠牲」を問う意義

犠牲という言葉を聞かない日はない。テロの犠牲、戦争の犠牲、貧困の犠牲、難民の犠牲、犯罪の犠牲。こうした種々の犠牲を抑制するために努力が傾けられる一方、人種、国籍、宗教、性的指向性などの境界設定を強める社会や人々は、絶えず犠牲者を求め、それによって境界線を再確認しているかのようでもある。いずれにせよ、現代における犠牲を取り巻く問題を考える上で、一神教における犠牲理解を踏まえることは有益である。それによって、古代世界から現代に至るまで形を変えながら継承されている「犠牲の論理」(犠牲を必要とし、犠牲を正当化する論理)を確認することができるだろう。

人類史的に見れば、動物供犠《くぎ》を中心とする儀礼こそが宗教そのものであった。洋の東西を問わず、人間は何らかの媒介なしに直接的に超越者や超越的な世界にアクセスすることはできなかった。農耕社会では雨が降るか降らないかは死活問題であるから、雨乞いの儀礼は重要な役割を果たしたが、その際には様々な動物が犠牲として捧げられた。ヘブライ語聖書でも「レビ記」を中心に「焼き尽くす献《ささ》げ物」について多数記されているが、もっとも有名なのはアブラハムによるイサク奉献の物語であろう（「創世記」二二章）。そのクライマックスの部分を以下に引用する。

神が命じられた場所に着くと、アブラハムはそこに祭壇を築き、薪を並べ、息子イサクを縛って祭壇の薪の上に載せた。そしてアブラハムは、手を伸ばして刃物を取り、息子を屠《ほふ》ろうとした。そのとき、天から主の御使いが、「アブラハム、アブラハム」と呼びかけた。彼が、「はい」と答えると、御使いは言った。「その子に手を下すな。何もしてはならない。あなたが神を畏《おそ》れる者であることが、今、分かったからだ。あなたは、自分の独り子である息子すら、わたしにささげることを惜しまなかった。」

（「創世記」二二章九―一二節）

アブラハムは神の命令に従って、息子イサクを「焼き尽くす献げ物」として捧げようとするが、アブラハムの信仰が認められ、イサクの代わりに雄羊が捧げられたという物語である。ここで「焼き尽くす献げ物」のヘブライ語「オラー」のギリシア語訳が「ホロコースト」であることは、よく知られている。イサク奉献の物語は神への絶対的忠誠と犠牲に関する難問を投げかけており、ユダヤ教やキリスト教の歴史においてだけでなく、多くの哲学者によっても論じられてきた。たとえば、哲学者エマニュエル・レヴィナスはこの物語を、人間を犠牲にすることを禁じた物語として解釈した。

また、ルネ・ジラール、ジョルジュ・バタイユ、ミッシェル・フーコーらに代表される戦後の現代思想の一部は、犠牲のシステム（メカニズム）に対する批判から始まった（藤本一勇「ポスト構造主義の基本理念」、仲正昌樹ほか『現代思想入門』一〇八頁）。近代国家は二つの世界大戦を通じて未曾有の犠牲者を生み出すことになったが、何が問題であったのかが、そこでは問われた。結論を端的に言えば、近代国家は宗教的な供犠（犠牲）のシステムを解消したのではなく、それをより精密な形でバージョンアップしたということである。すなわち、今我々が問題にしようとしている犠牲は、アブラハム時代や聖書時代のような遠い過去における犠牲の祭儀にとどまらず、それは近代から現代にまで引き継がれている問題なのである。

犠牲の特徴

　こうした近現代の問題を論じる前に、人類史における犠牲の広義の意味を確認しておこう（John Dunnill, *Sacrifice and the Body: Biblical Anthropology and Christian Self-Understanding* 参照）。各種の犠牲は次のような共通要素を有していると考えられる。（1）行為。動物など物質的なものを用いた具体的な行為。（2）儀礼。非日常的な作法で犠牲を取り扱う。（3）超越性。犠牲は超越者との媒介と考えられる。（4）交換。犠牲に対する見返り（祝福等）が期待される。（5）変容。犠牲を捧げた者（集団）はその前後において変化すると考えられる。（6）連帯。犠牲を通じて、超越者と共同体の関係、共同体内部の関係が強化される。（7）コスモロジー。生の意味づけが、日常的な次元にとどまらず、宇宙論的に理解される（創世神話や国生み神話に見られるような、世界や国の起源への回帰など）。

　地域や文化によって、これらの要素のうち、いくつかが強かったり、弱かったりすることはあるに違いない。しかし、上に挙げた七つの要素は、犠牲の一般的な特徴を網羅していると言えるだろう。この中でも、後に注目したいのは四番目の「交換」である。この交換の論理こそが、宗教や国家のための犠牲を正当化する際に用いられるからである。

また多くの地域において、犠牲の儀礼のために動物が用いられてきたため、犠牲は動物供犠と同義に考えられることもあるが、日本の場合には、動物供犠を否定する伝統や、動物供犠とは異なる動物供養の伝統も見られる。日本では、東アジア一帯で行われていた祈雨等のための動物供犠が姿を消し、反対に放生《ほうじょう》（捕らえていた動物を解放すること）や殺《せっ》生《しょう》禁断令が、その目的のために採用された。仏教以前の土着的観念（アニミズム的生命観）の上に、仏教的な輪廻思想と不殺生が作用したのである。そして、いたずらに生き物の命を奪うことは、自然の秩序を乱すと考えられたので、古代社会では立春から秋分まで死刑が禁じられていた。つまり、人間の命と動物の命、自然の命は根源においてつながっていると理解されていたのである（中村生雄『祭祀と供犠――日本人の自然観・動物観』一五三頁）。こうした生命観や文化形成の中で、儀礼において捧げられるものが動物ではなく、米などの穀物に代用されてきた。このような興味深い文化的特質はあるものの、日本の儀礼においても、先に挙げた犠牲の七つの要素は多かれ少なかれ含まれると言ってよいだろう。

一神教における犠牲

キリスト教はその最初期から犠牲を捧げない宗教、すなわち、非供犠的な宗教として出発したが、それはその当時においては異例なことであった。ローマ帝国において、犠牲を捧げる儀礼こそが宗教であったので、初期キリスト教は「宗教」（religio）ではなく「迷信」（superstitio）と見なされた（皇帝崇拝の拒否も、そのように見なされた一因である）。キリスト教が非供犠的な宗教として始まったのには二つの理由がある。一つは同時代のユダヤ教からの影響であり、もう一つはイエスの十字架に対する贖罪《しょくざい》的理解である。

聖書に記されているイスラエルの民は、バビロン捕囚（前六世紀）以前には神殿を中心とした動物供犠を行っていたが、捕囚以降は動物供犠と律法遵守が信仰の中心になっていった。そして、第二神殿の崩壊（七〇年）以降、動物供犠を行う神殿を失い、律法を中心とする宗教共同体として再出発することになる。ユダヤ教から分派したキリスト教が、非供犠的な特性を強めたユダヤ教を強く意識したことは想像に難くない。

ところでイスラームの場合、ユダヤ教やキリスト教とは異なり、犠牲の伝統を今も保持している。犠牲祭（マッカ巡礼のクライマックスの日である第一二月の一〇日）では、羊などが屠られる。それは、イブラーヒーム（アブラハム）が息子イスマーイール（イシュマエル）を犠牲にしようとした以下の物語に基づいている。

（この子が）かれと共に働く年頃になった時、かれは言った。「息子よ、わたしはあなたを犠牲に捧げる夢を見ました。さあ、あなたはどう考えるのですか。」かれは（答えて）言った。「父よ、あなたが命じられたようにして下さい。もしアッラーが御望みならば、わたしが耐え忍ぶことが御分りでしょう。」そこでかれら両人は（命令に）服して、かれ（子供）が額を（地に付け）うつ伏せになった時、われは告げた。「イブラーヒームよ。あなたは確かにあの夢を実践した。本当にわれは、このように正しい行いをする者に報いる。これは明らかに試みであった。」われは大きな犠牲でかれを贖《あがな》い、末永くかれのために（この祝福を）留めた。（クルアーン三七章一〇二―一〇八節）

先の「創世記」二二章でアブラハムが捧げているのはイサクであるが、イスラームでは上記引用における「息子」はイシュマエルであるとされている。こうした違いはあるものの、物語の基本構造は酷似しており、アブラハムによるイサクあるいはイシュマエルの奉献物語は、三つの一神教における信仰（神への絶対的な信頼）および犠牲の観念の共通基盤として重要である。

キリスト教における犠牲の理解

犠牲の観念は、アブラハムの時代から近代国家にまで引き継がれてきた。しかし、近代国家に組み込まれた犠牲のシステムと、一神教とりわけ近代国家の背景となったキリスト教における犠牲の間には違いがある。その違いを見極めるため、次にキリスト教における犠牲理解に対し、少し丁寧に目を向けたい。それは、イエスの教えと歴史的なキリスト教の違いを見極めることにもつながるだろう。

キリスト教が犠牲を捧げない宗教として始まったのは、非供犠的な性格を強めたユダヤ教との関係の他、キリスト教自体における神学的な理由がある。それは、イエスの十字架を人類の罪をあがなうための犠牲と考えた贖罪的解釈である。イエスが人類のための犠牲となったのだから、我々はもはや別の犠牲を捧げる必要はないということである。こうした考え方は後に神学的に展開されていくが、その土台を与えているのは「ヘブライ人への手紙」である。その一節を引用する。

この御心に基づいて、ただ一度イエス・キリストの体が献げられたことにより、わたしたちは聖なる者とされたのです。すべての祭司は、毎日礼拝を献げるために立ち、決して罪を除くことのできない同じいけにえを、繰り返して献げます。しかしキリストは、罪のために唯一のいけにえを献げて、永遠に神の右の座に着き、その後は、敵どもが御自分の足台となってしまうまで、待ち続けておられるのです。なぜなら、キリストは唯一の献げ物によって、聖なる者とされた人たちを永遠に完全な者となさったからです。（「ヘブライ人への手紙」一〇章一〇―一四節）

「ヘブライ人への手紙」では、繰り返され続けてきた犠牲の祭儀の完成としてイエスの十字架が位置づけられ、またそれゆえに従来の犠牲の祭儀は無効化されている。しかし、イエスの十字架が、歴史的に継承されてきた犠牲のリアリズムの中に位置づけられている点は見逃すことはできない。

同じことは、最後の晩餐に関しても言える。最後の晩餐は、イエスの「体」と「血」が分け与えられる場となっており（「コリントの信徒への手紙一」一一章二三―二六節）、伝統的な犠牲の祭儀を強く想起させる。犠牲を通じて共同体の連帯が再確認されるという点では、伝統的な犠牲の祭儀との連続性の中にある。ただし、最後の晩餐は、イエスが自ら積極的に「体」と「血」を分け与えようとする給仕の場となっている点で、他の犠牲的神話・伝承とは異なる特徴を有している。

さらにイエスの犠牲の特徴をつかむためには、最後の晩餐はイエスの食卓との連続性において理解される必要がある。イエスの食卓は、異邦人、サマリア人、徴税人、「罪人」と見なされた人々を招き入れた、当時の清浄規定という境界線を越境する行為であった。つまり、清浄規定をはじめとする宗教的戒律のゆえに犠牲、スケープゴートとされてきた人々の「犠牲を終わらせる」という意味をそこに汲み取ることができる。

自己犠牲の危うさ

このように、「ヘブライ人への手紙」による十字架解釈、最後の晩餐、イエスの食卓はいずれも「犠牲の終わり」を告げるものであった。しかし、後に展開されていく十字架理解の一部には、イエスの十字架を自己犠牲の模範として、信仰者にも同様の犠牲を求めるものが出てくる。特にその理解の一部がクリスチャンの殉教にも影響を及ぼした点に注意を払う必要があるだろう。初期キリスト教神学の中だけでなく、後の殉教文学の中では、イエスが十字架において神への信仰を貫き通したように、信仰者も同様に自らの死をもって、信仰を証すべきであるという考え方が形成されていった。尊い目的のために死ぬことは立派なことである、という殉教を美化する考え方が持つ根源的な危うさを意識するためにも、犠牲の神学的な意味を問い続けることが必要である。

ここでその問題点をより明確にするために、哲学者・高橋哲哉の議論に言及しておきたい。高橋はキリスト教の贖罪信仰を彼の語る「犠牲の論理」と同型のものと見ており、その一例として内村鑑三が非戦主義者こそ積極的に戦地に赴くべきだと主張した事例（「非戦主義者の戦死」、一九〇四年）を取り上げている（『犠牲のシステム　福島・沖縄』一三〇―一三二頁）。クリスチャン、とりわけ非戦主義者の死によってこそ、これまで戦争を繰り返してきた人類の罪悪があがなわれるという内村の論理は、結果的にキリスト教の贖罪信仰に基づいて「尊い犠牲」を正当化していると高橋は批判する。端的に言えば、高橋は伝統的な贖罪論を問題の根源と考えている。

しかし、この問いの立て方は神学的には正しくない。むしろ問うべきは、どのような贖罪論において死の美化（殉教の美化を含む）が生じるのか、であろう。イエスの生涯や十字架において再認識すべきは犠牲の再生産ではなく、それを終わらせることである。その文脈を無視し、犠牲（自己犠牲）を正当化する贖罪論は批判されてしかるべきであろう。

贖罪論が、イエスの食卓・最後の晩餐を含む、その生涯から切り離され、十字架のみに収斂される自己完結したシステムとして了解されるとき（「イエスは罪のあがないのため、十字架にかかって死ぬために生まれてきた」がその代表）、高橋が指摘するように、自己犠牲的な死を美化・栄光化する論理として機能するおそれがある。罪が精神化され、犠牲が元来持っていた「体」と「血」という身体性が失われていくとき、イエスの生涯と十字架が「犠牲の終わり」を指し示していたことが忘れられ、犠牲の再生産が始まるのである。

イエスの「倫理」

確かに、犠牲という概念はキリスト教にとって重要である。しかし、殉国も殉教も、命を差し出すことが、模範的な自己犠牲として称賛（顕彰）される。それを交換の論理として高橋は批判する。交換の論理を支える犠牲の観念は、イエスの教えに合致するのだろうか。そもそも、イエスは、教会や国家によって鼓舞されて起こる「尊い死」を望むのだろうか。こうした問いに答えるために、次にイエスの倫理の特徴を見ることにする。

イエスの語りの多くは、たとえ話によってなされており、そこから体系的な倫理を導き出すことはできない。しかし、イエスのたとえには、既存の社会秩序を転倒させるような力があり、それを広い意味でイエスの倫理と呼ぶことができるだろう。犠牲との関係で、ここではイエスの倫理の特徴として次の三点を挙げたい。

（1）交換の論理の否定

イエスは単純な善悪二元論や勧善懲悪を否定し、むしろ、それを超える倫理的地平を指し示した。勧善懲悪は言うまでもなく、交換の論理に基づいている。正しい者が報われ、悪い者は懲《こ》らしめを受けるべきだと考えるからである。次のイエスの言葉は、その意味での交換の論理を否定している。

あなたがたも聞いているとおり、「隣人を愛し、敵を憎め」と命じられている。しかし、わたしは言っておく。敵を愛し、自分を迫害する者のために祈りなさい。あなたがたの天の父の子となるためである。父は悪人にも善人にも太陽を昇らせ、正しい者にも正しくない者にも雨を降らせてくださるからである。（「マタイによる福音書」五章四三―四五節）

また、「ぶどう園の労働者のたとえ」（「マタイによる福音書」二〇章一―一六節）も、我々の日常的な交換の論理を超えた神の愛を示している。このたとえでは、丸一日働いた者が一時間しか働いていない者と同じ賃金しかもらえず、不平不満を言っている。交換の論理に従えば、その異議申し立ては理に適っている。しかし、交換の論理では計ることのできない神の「気前のよさ」、神のラディカルな愛が、このたとえ話のテーマとなっている。言い換えるなら、イエスの論理は、交換の論理に縛られる人々を解放する力として立ち現れている。

（2）徹底した個の倫理

犠牲の論理は、しばしば、より大きな全体のため個人が犠牲となるべきことを促す。国家のために個人が命を捧げることは尊い死とされ、それが戦争を動かす原動力になってきた。イエスは集団のために個が犠牲になることを拒否し、徹底して個の存在に我々の注意を促す。「見失った羊のたとえ」（「ルカによる福音書」一五章一―七節）はその一例である。我々の日常の論理は、通常功利主義的な考えに基づいているので、一匹の羊よりも九九匹の羊を保護することを優先する。イエスの倫理は「見失った一匹」に注意を促すという点で、徹底した個の倫理であり、集団のために個の犠牲を正当化する集団倫理とはまったく異なっている。

（3）犠牲の内面化

イエスの教えは、律法の形式的な側面を、より内面化しようとする特徴を有しているが、犠牲に関しては次の言葉がその特徴を表している。「もし、『わたしが求めるのは憐れみであって、いけにえではない』という言葉の意味を知っていれば、あなたたちは罪もない人たちをとがめなかったであろう」（「マタイによる福音書」一二章七節）。問題が起こったとき、人はいけにえやスケープゴートを求める。しかし、イエスの倫理は犠牲ではなく「憐れみ」へと我々の心を向けさせる。

以上、犠牲との関係でイエスの倫理を素描した。ここからわかるのは、集団や国家のために個人がその命を犠牲にすることを、イエスの倫理が正当化することはない、ということである。イエスの生涯が「犠牲を終わらせる」という側面を持ち、イエスの十字架の死を「最後の犠牲」として受けとめるならば、人を死に追いやる犠牲を繰り返すことは正当化されない、という帰結を聖書から導き出すことができる。そう理解することによって、第四章において触れたように、徹底した非暴力、平和主義は、イエスの言葉に表れているだけでなく、暴力の極みとしての十字架において、逆説的にも頂点に達しているという洞察を得ることができるのである。

犠牲のシステムに対して

しかし、聖書によって触発された素朴な自己犠牲の精神が、教会や国家によって利用されてきた。殉教や殉国はその帰結である。こうした歴史を念頭に置きながら、近代国家と暴力の関係について、そのポイントを確認しておきたい。

近代国家は伝統的な「犠牲」の観念を迷信として破棄したのではなく、「犠牲のシステム」としてアップグレードした（国家の疑似宗教化）。その時代、多くのクリスチャンにとって、国のために戦って死ぬことと信仰とは矛盾しなかった。なぜなら、そこでは尊い目的のために命を差し出すことが模範的な自己犠牲として称賛され、殉国と殉教はほぼ同義とされたからである。そのことは宗教学者マーク・ユルゲンスマイヤーによる次のような指摘にも明確に現れている。

〔世俗的ナショナリズムと宗教は（引用者注）〕包括的な道徳秩序の枠組み、すなわちそれに所属する人々に究極的な忠誠を命じる枠組みを与えるという、倫理的な機能を果たす。……すなわち、ナショナリズムと宗教の殉教と暴力に道徳的裁下を与える能力ほどに忠誠の共通の様式が明らかに現れているものは、他のすべての形の忠節のなかにはないのである。（マーク・ユルゲンスマイヤー『ナショナリズムの世俗性と宗教性』二八―二九頁）

また、集団の秩序維持のために特定の人（人々）を犠牲にすることを「スケープゴート」と呼び、それが太古の昔から続いてきたこと、そして、広く宗教と暴力の関係は、ルネ・ジラールの『暴力と聖なるもの』（一九七二年）以降、人類学や宗教学においても重要な主題とされてきた。そして、ジラールの言う「犠牲のシステム」は今なお形を変えて存在し続けている。公的秩序の維持・回復の機能として、人類史において犠牲は用いられてきた。その意味で、犠牲は個人の内面的な問題にとどまらず、社会的・公共的次元を有している。家族、社会、国家などが特定の人々（多くの場合、マイノリティ）や特定の地域に犠牲を強いることによって成り立っている現代の社会構造（原子力発電所によるエネルギー供給もその一例）に対して宗教的・倫理的な視座からの批判が求められるゆえんである。

犠牲の観念は様々な宗教伝統に深く埋め込まれているが、それを健全に保ち、また、国家的価値やナショナリズムに先導される「犠牲のシステム」と批判的な距離を確保するためには、犠牲の観念に対し精緻かつ幅の広い議論を促していく必要があるだろう。そうした地道な作業なしに、社会に深く巣くう不寛容を抑制することはできないのである。

おわりに――「寛容の文化」を育てていくために

1 「間」を問う

言葉の意味作用

これまでの各章を通じて、三つの一神教の「間」、一神教と現実社会の「間」、一神教と日本社会の「間」を問うてきた。三つの一神教は、創造者なる神を信じ、アブラハムを信仰の父祖として持ち、ヘレニズムやヘブライズムのような文明論的共通基盤の上で展開してきたという点で兄弟（姉妹）宗教と言って差し支えない。しかし、その歴史においては数々の軋轢《あつれき》があり、相互の誤解や偏見も存在した。それは遠い過去の話ではなく、ホロコーストに代表されるように、近現代における偏見や差別が未曾有の人命を奪うことになったことを、我々は知っている。第二章で述べたように、宗教あるいは一神教をめぐる問いは、宗教研究に閉塞するマイナーな課題ではなく、近代ヨーロッパの光の部分と闇の部分を生み出す源泉の一つとなったのである。そして、その課題はグローバル化しつつ、二一世紀の現代にまで持ち越されている。

言葉の恣意的な使用が、互いに対する偏見や誤解を増幅させることがある。本書では一神教を中心に人間の営み、葛藤、知恵を見てきたが、人間の自己理解や他者理解において、不可避的につきまとう言葉の特性や限界がある。次の引用を手がかりとして、再度、その点に意識を向け、その後、本書で扱ってきたキーワードのいくつかを振り返ることにしよう。

ことばの意味作用に対して私たちは、しばしば（ほとんどたがいに逆向きとも思われるような）二種類の当惑を感じてきた。その第一は、《意味》がとかく不安定で流動的だということに対する心配であり、第二は、逆に、《意味》が発揮する区別作用（あるいは、本来容易に割り切れるはずもないものごとを強引に割り切ってしまうという避けがたい傾向）に対する危惧であった。（佐藤信夫『レトリックの意味論——意味の弾性』四

三頁）

言葉の意味が「不安定で流動的」であるとは、言い換えれば、言葉の意味作用には常に一定の振れ幅があるということである。それを避けようとして、自分に都合のよい用語法だけを採用すれば、首尾一貫した論理を展開することはできたとしても、立場の異なる他者の言葉に対して耳を傾けることが難しくなるだろう。言葉が多義的に使われるのは避けがたい。しかし、それを自覚するために、本書では原理主義や政教分離などに関して、狭義の意味と広義の意味を提示してきた。

同じ宗教の内部にあっても、聖典や伝統の解釈が「不安定で流動的」になることがある。外部から大きな思想的・社会的影響を受けるときは、とりわけ、そうなりやすい。そして、そうした影響から、自らの立場を明確に「区別」しようとする欲求が出てくることになる。原理主義的な運動の多くに、そうした欲求を見出すことができることは、第五章からも明らかだろう。

言葉の意味が不安定で流動的であるとはいえ、それに抗《あらが》って、いったん意味を固定すると割り切りすぎてしまうという言葉の意味作用のパラドクス（矛盾）は、どの領域においても、避けがたく存在するが、それは必ずしも悪いものではない。そのパラドクスを自覚的に受けとめることによって、我々は固定した概念やイデオロギーに固執し、思考停止状態に陥ることなく、知の沃野《よくや》を歩き続けることができるからである。言葉や概念が恣意的・誘導的に用いられていないかどうか批判的に検証することも、この知的歩みの一部となる。

こうした基本事項を確認した上で、次に、本書で扱ったキーワードのいくつかを取り上げながら全体を振り返り、「寛容の文化」を育んでいくための作法を考える手がかりとしたい。

一神教のキーワードを振り返る

戦争に対する態度は、一神教相互において違いがあるだけでなく、同じ一神教の中でも幅があった。必要悪として戦争を肯定する立場が正戦論であるが、同じキリスト教において、イエスの言葉を絶対的な暴力否定と受けとめる伝統もあれば、イエスの言葉を借りて戦争を肯定する立場もあった。イエスの言葉、聖書の言葉の多義性が生む立場の相違を、ここに見ることができる。

他方、イスラームと紛争・戦争の関係が話題とされるとき、ジハード＝聖戦とされ、ジハードの多義性が捨象されることが多いことを指摘した。同様に、「穏健派」「過激派」という言葉も、それぞれの多様性が配慮されることなく、テロリスト断罪のための区分として用いられがちなことも、すでに見た通りである。

また、一神教が共有する世界観・歴史観（来世観）として終末論を取り上げた。終末論は現実社会に対し両義的な働きをなし得る。一方で、終末論（特に黙示的終末論）は暴力的なエネルギーの源泉となり、他方、内村鑑三らに見られたように、終末論が、この世の秩序（暴力的な支配）に挑戦する平和主義に力を与える場合もある。終末論が、こうした正反対とも言える極性を併せ持つことを認識しておくことは、戦争と平和の問題を考える際に重要である。また、キリスト教の事例（解放の神学、黒人解放の神学、フェミニスト神学）を通じて示したように、伝統的な死後生や終末論が継承される一方で、新しい解釈とそれに基づいた社会変革的な機運が社会に影響を与えてきた。古典的とも言える教えが社会変革の先端を担う力として再発見・再解釈されるという意味変化の側面も、視野に入れておく必要があるだろう。

同じく古典的と言える、一神教の共通の伝統としての偶像崇拝の禁止も、両義的な側面を持っていた。神以外のものを神としないという戒《いまし》めは、自己の絶対化を防ぐという意味でも重要である。しかし、それが元来の意味を離れて、他者の中に偶像的行為を認識し、それに対して破壊的な行為に及ぶ事態を、我々は現代において目撃している。偶像崇拝の禁止から、自己批判と他者批判の両方が導き出されるのである。

このように伝統的な教えに対する理解とその実践は、現代において多様化しているが、一神教に生きる人々の価値観の多様性を計るための指標の一つとして、原理主義と世俗主義を取り上げた。とりわけ、原理主義は昨今では「イスラーム原理主義」としてネガティブな意味を与えられることが多いだけに、使用に関しては注意が必要である。何に対して異議申し立てをしているのか、何を守ろうとしているのかを丁寧に理解していくためには、言葉が用いられる社会的・政治的・歴史的な文脈をおさえておくことが常に求められる。

「寛容の文化」を阻害するもの

このように本書で用いてきたキーワードを振り返ってみても、その一つひとつが意味の幅（多義性・多様性）を持っていたり、両義的であったりすることがわかる。同じ言葉や概念から、正反対とも言える解釈や応答が出てくる両義的な側面を理解しておくことは、一神教の全体像を把握する上で欠かせない。現実にいかに対応するかを求めて、聖典や教義に立ち帰ったとしても、そこから一義的な結論を導き出すことができるとは限らないのである。こうした人間の認識の限界を踏まえなければ、一方が他方を断罪するという事態が容易に起こり得る。

一方が他方を断罪する構図は、広く世界において見られる。「寛容の文化」を阻害するこの現実を直視することなしに、寛容を語ることはできないだろう。言語レベルの偏見や誤解が、単に人の信頼関係を破壊するだけでなく、人権を侵害し、土地や財産を収奪することすら正当化することを、次の引用は端的に示している。

イスラームを本来的に女性抑圧的とみる「偏見」は、近代以前からヨーロッパにおいて常識の一部を構成した。そして一九世紀以降、ヨーロッパ植民地体制はこの「偏見」をムスリム支配正当化の根拠として最大限利用したのである。植民地体制は一夫多妻や男性による一方的離婚権、わけてもムスリム女性のヴェールに着目し、これぞイスラーム文明の後進性を示すもの、と激しい非難をあびせかけた。西洋は「遅れた」ムスリム社会に進歩をもたらす「解放者」とされ、この「正義」のもとに植民地

支配が正当化されたのである。（飯塚正人『現代イスラーム思想の源流』六六頁）

西洋の価値基準から、イスラームを女性抑圧的と見るのは、たやすい。フランスの「スカーフ禁止法」に至る議論の中でも、スカーフ着用をライシテ原則への抵触と考えるだけでなく、女性抑圧のシンボルと見なす批判的意見が大きかったことを考えれば、この問題の根深さがわかるだろう。「偏見」による植民地支配の正当化は、イスラーム世界の植民地化において認められるだけでなく、南北アメリカ大陸やアフリカ大陸などにおいても認められるという点で、普遍的な構造を持っていると言える。言い換えれば、植民地支配において なされてきた様々な「直接的暴力」を正当化する役割を「構造的暴力」としての「偏見」が果たしてきたのである。この偏見の核にあるのが宗教的な偏見と無理解であり、偏見に基づく「構造的暴力」を支えたのが、「解放者」たる西洋を中心とした進歩史観であった。

この種の偏見は、今もとどまるところを知らない。「遅れた」社会と「進んだ」社会という区分は、今日では、宗教的な社会と世俗的な社会の区分として置き換えられることもある。第五章で触れたように、世俗的な価値観と宗教的な価値観のギャップが世界的に拡大しているとすれば、その両者をどのように調停するのかは大きな課題である。世俗的な価値観と宗教的な価値観の「間」を見る力、両者を架橋する想像力を欠いたままでは、かつての植民地支配と同様の悲劇が、地球上からなくなることはないだろう。

2 「寛容の文化」への道しるべ

宗教的アイデンティティと新しい差別

歴史的に繰り返されてきた、偏見に基づく暴力や支配を抑制するために、我々に何ができるだろうか。ヨーロッパは暴力的支配の当事者であり、今なお、問題の克服に葛藤しているという点で、様々な歴史的教訓を与えてくれる。表現の自由を含む、ヨーロッパのリベラリズムは、一七世紀の宗教戦争に対する反省を経て、宗教を私事化するプロセスに起源を有している。第五章で見たように、各国において、それは政教分離として展開されるが、私的領域と公的領域の分離は、移民の多くを占めるムスリムにとって必ずしも自明の事柄ではない。今や差別イデオロギーは、人種的な差異ではなく、文化的な差異、とりわけ宗教的な差異によって作り出されている。

ヨーロッパでは、いかなる宗教も侮辱できるほどの表現の自由が保障されており、男女は平等であり、政教分離のもとに社会秩序が守られている。それに対し、イスラームはどうなのだ、という語り方は文化ナショナリズムに属すると言ってよい。このように宗教的アイデンティティは、文化的差異に基づく差別イデオロギーに取り込まれやすい。そして実際、宗教的アイデンティティは、ヨーロッパの極右政党や移民排斥運動にとって、今や、なくてはならないカードである。

人間には多様なアイデンティティがあるにもかかわらず、その一つだけが、すなわち宗教的アイデンティティだけが特別視され、「異質な他者」をあぶりだそうとする点に、アイデンティティ・ポリティクスの罠がある。それゆえ、公共領域における宗教のあり方を模索しながらも、こうしたアイデンティティ・ポリティクスの罠に陥ることのない語りの作法を見出していく必要がある。ここで「異質な他者」をあぶりだそうとする文化装置を「憎しみの文化」と名づけておきたい。他者理解に関わる諸問題を「憎しみの文化」として対象化することは、「寛容の文化」を考える上で欠かせない。「憎しみの文化」と向き合い、それと戦うことは、「寛容の文化」を育むことと同義だからである。

「憎しみの文化」とは何か

文化は個人の一時の感情の寄せ集めではなく、より安定的な構造を持っており、「憎しみの文化」といったものがあるとすれば、ある特定の諸集団への憎悪を正当化する仕組みを持っているはずである。一言で言えば、「憎しみの文化」とは「異質な他者」を際限なく生み出すシステムである。それは「私たち」と「彼ら・彼女ら」という境界線を生み出す文化と言ってもよい。「彼ら・彼女ら」は「私たち」とは異なるのだから、多少不当な扱いをしてもかまわないという論理がそこにはある。多くの国で、移民や外国人労働者、宗教的マイノリティがそのような立場に置かれがちであるが、性的少数者等、同様の立場に置かれる社会的弱者は他にも存在する。ヘイト・スピーチやヘイト・クライム、さらにはソーシャル・ネットワーク上に噴出しているヘイト投稿が「憎しみの文化」の副産物であることは言うまでもない。

特定の宗教的アイデンティティをターゲットにしたヘイト・クライムを抑制するために、異なる宗教者同士が相互理解を深めるための対話は、時として有益であろう。しかし、宗教の違いが「憎しみの文化」を生み出すのではない。実際には、宗教や宗派の教えの違いが人の憎しみに直結することは、まれである。むしろ、文化の管理者を自任する主流派によって歴史的に蓄積されてきた「憎しみの文化」が「宗教の違い」という境界線を生み出す。より正確に言えば、憎しみや暴力を正当化するために、宗教的アイデンティティの違いが強調され、利用されるのである。

「憎しみの文化」の帰結

文化的・宗教的な差異に基づいた差別感情、それらが恒常化した「憎しみの文化」は、多様な形態を取るが、「異質な他者」を単純化して描き、ステレオタイプなイメージを与えようとする点において共通している。そして、「異質な他者」を本質主義的に、言い換えれば、固定的なイメージで描くことによって、「彼ら・彼女ら」が変化する、生きた多様な存在であるという事実から目をそらさせる働きが「憎しみの文化」にはある。そのような「憎しみの文化」を脱構築していくためには、「異質な他者」の実像をできる限り多様に伝える必要があるだろう。

合わせて「憎しみの文化」が生み出す最悪の帰結を示しておきたい。それは過去の教訓から推測される未来の可能性である。「憎しみの文化」が社会を覆うと、皮肉にも、人は憎しみの感情を持たないままに、「異質な他者」を排除することができるようになる。つまり、無関心のまま、特定の集団を社会から排除することが可能となる。近代の大量殺戮の多くは、憎しみが集積した結果ではなく、むしろ無関心により起動した暴力システムの結果である。

ホロコーストをその一例として挙げることができる。一九三八年一一月九日、ユダヤ人の商店やシナゴーグが、ユダヤ人への憎悪にかられた群衆によって襲撃され、その日は「水晶の夜」として歴史に名が残されることになった。水晶の夜は大規模な略奪と殺戮の日であったが、ホロコーストを研究した社会学者ジークムント・バウマンは「いくつ〈水晶の夜〉を積み上げてもホロコースト規模の大量殺害は発想できないし、また、実行しえない」(『近代とホロコースト』一一六頁)と言う。すなわち、憎しみが大規模な暴力を生み出したのではなく、道徳的無関心が社会的に生産されたとき、憎しみを持たないままで「異質な他者」を徹底排除したというのである。

無関心によって起動する組織的な暴力は、近代以前には見られなかったものであり、また、それは「憎しみの文化」の最終形態であるとも言える。そして、その暴力はホロコーストで終わったわけではなく、今も世界の各地で続いている。ヨーロッパに押し寄せ、すでに各地に一時滞在している難民たちに向けられるのは「寛容の文化」であろうか、あるいは、無関心であろうか。

無関心が持つ恐ろしさを、歴史的教訓や今世界で起こっている現実から学びつつ、我々は人々を無関心へと陥らせないよう、絶えず新たな語りの技法を探し続ける必要がある。「すべての宗教は平和を求めている」というメッセージは真実であったとしても、その単調さが人々を無関心へ追いやっているということはないだろうか。平和のメッセージが敵と味方を峻別する二元論（その一例が「穏健派」「過激派」の区分）に陥っているとすれば、それは皮肉にも「憎しみの文化」を補完することになっているのではないか。絶えざる自己批判と自己変革なしに、「憎しみの文化」の狡猾さに打ち勝つことはできない。

宗教の違いが「憎しみの文化」を生み出しているのではない。「憎しみの文化」が宗教の違い、あるいは文化的相違という境界線を生み出し、憎しみを正当化し、その果てには、憎しみすら持たないままに「異質な他者」を境界線の外側へと放逐していくのである。このような中で、「すべての宗教は平和を求めている」と繰り返すことは、一方で真理の愚直さを体現しているとも言えるが、他方、それは憎しみの文化によって生み出された境界線を強めるという意図しない結果に至る危険性もある。こうした危険性を避けるためにも、我々は異なる宗教の「間」だけでなく、宗教と現実社会の「間」にも目を向け、人間のアイデンティティを豊かに語る技法を身につける必要があるのだ。

他者性に向き合う道徳

「憎しみの文化」とは、実に大げさな言い方に聞こえるかもしれない。しかし、そこに蓄積されてきた偏見と支配の構造、異質な他者をあぶり出すシステム、無関心により起動する暴力のメカニズムなどは、いずれも侮《あなど》りがたい強大な力を持っている。その力を知らずに、のんきに「寛容が大事だ」と語ることは意味がないだけでなく、無責任である。「寛容の文化」を育むことは現代世界における喫緊の課題である。しかし、そのためには人類史の暗部としての「憎しみの文化」を洞察し、それに向き合っていかなければならないのである。

第一章の冒頭で、日本社会は宗教的寛容度が高いという調査結果を示した。しかし、このことは日本社会が「寛容の文化」を持っているということを必ずしも意味しない。無関心に基づく適度な距離感が、日本的寛容を支えているとすれば、これまでの前提が揺らいだとき、まったく異なる姿を日本社会は見せることになるだろう。同質性を共通基盤としてきた日本社会は「異質な他者」と向き合うことによって、文化的なタフネスを獲得していかなければならない。その点で、一神教は日本社会にとって、実に取り組み甲斐があるカウンター・パートナーとなり得るだろう。

日本の道徳は、これまで「国民道徳」としての域を出ることはなかった。それは二〇一八年に始まろうとしている「道徳」の教科化の時代においても、基本的には変わっていない。したがって、日本の外部からやってくる「異質な他者」が日本社会で生きていくためには、日本社会への同化が求められる。同化政策は、どの国においても多かれ少なかれ見られるものであるが、今後は、他者に同質性への帰属を求めるだけでなく、他者性に開かれた、その意味で「国民道徳」を超える価値形成が必要となるだろう。同質性ではなく、他者性との向き合い方を倫理や道徳の基礎とすることはできないだろうか。

グローバル時代における、こうした課題を考えるための素材を本書では提供してきたつもりである。一神教と日本社会の「間」には確かに距離がある。しかし、だからこそ、一神教世界で起こってきた出来事や取り組みを教訓として客観的に学ぶこともできるし、また、一神教的な外部の視点から、日本社会の課題を際立たせることもできる。距離のある

「間」を行きつ戻りつする中で、「寛容の文化」を育むための手がかりを得ることができればと願っている。

あとがき

　どの学問領域であっても、その領域の全体を視野に収めることがいかに困難か、また、限られた領域に対してすら十分な理解を持つことがいかに難しいかを、専門家であれば誰もが、いやと言うほど経験しているはずである。私もその一人であるが、自分の元来の専門であるキリスト教一つとっても、理解し尽くすことなど到底できない。膨大な議論の蓄積の前に立ちすくむことも、しばしばである。

　しかし、浅学を顧みず「一歩踏み出す」ことにより、つまり、本書で論じてきたように「問」を問うことにより、キリスト教の視点だけでは見えないものが見えてきたのも事実である。そして、一神教の「間」を問う作業を通じて、一神教の全体像やそのリアリティを明らかにしていくだけでなく、一神教が日本社会にとって意味のある「他者」であることを再認識することができた。それが私の思い込みに過ぎないのかどうかは、読者の判断に委ねるしかないが、日本社会がグローバル世界を見据え、近未来のビジョンを描く上で、一神教が反面教師的な側面も含め、よい「学びのリソース」となることは間違いない。自分が元来専門としない領域にまで踏み出していくことには勇気がいるが、それを支えたのは、文献研究だけでなく、国内外の学術会議で得てきた「耳学問」であり、中東・ヨーロッパ・アメリカなどにおける現地の人々との直接的な対話であった。知識の細部の是非はともかく、自分自身の経験に即して本書で議論してきたことは、大きくは間違っていないと思う。

学問として一神教に関心を持つようになったきっかけは、第一章でも少し言及したように、ドイツでの留学経験であった。私は旧・西ドイツで留学生活を開始し、ベルリンの壁の崩壊（一九八九年）を目の当たりにし、東西ドイツの統一（一九九〇年）に立ち会うことができた。冷戦時代が終わりを告げようとしていた、まさに歴史の激動期であるが、個人的にも、歴史観や学問の枠組みを揺さぶられる経験をした。もともと宗教間対話に関心をもっていたとはいえ、ドイツで初めてイスラームやユダヤ教のリアリティに接することになり、その視点を交えながら、日本社会や日本文化が抱えている課題に対しても関心が向くようになっていった。

こうした事情もあって、同志社大学で「一神教学際研究センター」の設立（二〇〇三年）

に関わり、二〇一〇―一五年、センター長を務めた。この間に得た経験や知見の多くは本書の中で生かされている。その後、私は新たに「良心学研究センター」を設立したことから（二〇一五年）、先のセンター長を辞したが、新たなセンターの研究活動においては、本書で示した課題の多くを意識している。宗教的であるか否かにかかわらず、人が互いに寛容な関係を持つためにどのような作法が必要なのか、また宗教否定的な文脈で形成されてきた自然科学の知見と宗教的な価値をどのように意味あるものとして関連づけることができるのか。こうした学際的な研究をたばね、人類にとっての「共通善」を考えるキーワードとして「良心」に着目しているが、その成果も、いずれ世に問うことになるだろう。

本書は書き下ろしである。ただし、次の文献の一部を要約・改変して用いている箇所がある。

小原克博「宗教と対話――多文化共生社会の可能性と宗教間教育の意義」、小原克博・勝又悦子編『宗教と対話――多文化共生社会の中で』教文館、二〇一七年、七七―九九頁。
小原克博『宗教のポリティクス――日本社会と一神教世界の邂逅』晃洋書房、二〇一〇年。
小原克博・中田考・手島勲矢『原理主義から世界の動きが見える――キリスト教・イスラーム・ユダヤ教の真実と虚像』ＰＨＰ研究所、二〇〇六年。

小原克博「戦争論についての神学的考察——宗教多元社会における正義と平和」、『基督教研究』第六四巻第一号、二〇〇二年、一四—三二頁。

最後に本書の書名について一言説明を加えておきたい。当初、平凡社よりいただいた、「寛容」という言葉を含む、暫定的な書名のもとで本書の執筆を続け、原稿の全体ができあがった後、本書の書名を再提案していただいた。平凡社企画会議の熟議の結果を、敬意をもって受け入れたが、本文中では、ほぼ一貫して「ユダヤ教、キリスト教、イスラーム」と時系列に示していたものが、本書の副題では「キリスト教、ユダヤ教、イスラームを知るために」となっている。私の元来の専門がキリスト教であることから、本書でも分量的にキリスト教に関する部分が若干多くなっている。そうした点も考慮され、最終的な書名に至ったと考えている。

本書の執筆に関するお声かけをいただいてから、私の多忙のため、執筆は予定通りに進まなかった。忍耐強く待ち続けてくださった平凡社の蟹沢格氏に、また、取り次ぎや編集の労を執ってくださった編集者の宮山多可志・今井章博両氏に、あらためてお礼申し上げたい。

引用文献一覧

アサド、タラル『世俗の形成――キリスト教、イスラム、近代』（中村圭志訳）みすず書房、二〇〇六年。

飯塚正人『現代イスラーム思想の源流』山川出版社、二〇〇八年。

ウォルツァー、マイケル『正しい戦争と不正な戦争』（萩原能久監訳）風行社、二〇〇八年。

内村鑑三『非戦論』（内村鑑三選集2）岩波書店、一九九〇年。

梅原猛『森の思想が人類を救う』小学館、一九九五年。

遠藤周作『沈黙』新潮社、一九六六年。

キケロー『キケロー選集』9、岩波書店、一九九九年。

グティエレス、グスタボ『解放の神学』（関望・山田経三訳）岩波書店、一九八五年。

グルニカ、ヨアヒム『聖書とコーラン――どこが同じで、どこが違うか』（矢内義顕訳）教文館、二〇一二年。

コーン、ジェームズ『解放の神学――黒人神学の展開』（梶原寿訳）新教出版社、一九七九年。

小岸昭『世俗宗教としてのナチズム』筑摩書房、二〇〇〇年。

小杉泰『九・一一以降のイスラーム政治』岩波書店、二〇一四年。

小原克博『宗教のポリティクス――日本社会と一神教世界の邂逅』晃洋書房、二〇一〇年。

小原克博・中田考・手島勲矢『原理主義から世界の動きが見える』PHP研究所、二〇〇六年。

佐藤信夫『レトリックの意味論——意味の弾性』講談社、一九九六年。

島薗進『国家神道と日本人』岩波書店、二〇一〇年。

セン、アマルティア『アイデンティティと暴力——運命は幻想である』（東郷えりか訳）勁草書房、二〇一一年。

高瀬弘一郎『キリシタンの世紀——ザビエル渡日から「鎖国」まで』岩波書店、一九九三年。

高橋哲哉『犠牲のシステム 福島・沖縄』集英社、二〇一二年。

竹内好『竹内好全集』第五巻「方法としてのアジア、中国・インド・朝鮮、毛沢東」、筑摩書房、一九八一年。

ティリッヒ、パウル『組織神学』（鈴木光武訳）第一巻上、新教出版社、一九五五年。

内藤正典『トルコ——中東情勢のカギをにぎる国』集英社、二〇一六年。

中田考『イスラームのロジック——アッラーフから原理主義まで』講談社、二〇〇一年。

中村生雄『祭祀と供犠——日本人の自然観・動物観』法藏館、二〇〇一年。

ヌスバウム、マーサ『良心の自由——アメリカの宗教的平等の伝統』（河野哲也監訳）慶應義塾大学出版会、二〇一一年。

ネグリ、アントニオ／ハート、マイケル『帝国——グローバル化の世界秩序とマルチチュードの可能性』（水嶋一憲ほか訳）以文社、二〇〇三年。

ハーゲマン、ルートヴィッヒ『キリスト教とイスラーム——対話への歩み』（八巻和彦、矢内義顕訳）知泉書館、二〇〇三年。

バウマン、ジークムント『近代とホロコースト』（森田典正訳）大月書店、二〇〇六年。

ハワーワス、スタンリー／ウィリモン、ウィリアム『旅する神の民――「キリスト教国アメリカ」への挑戦状』（東方敬信、伊藤悟訳）教文館、一九九九年。

藤本一勇「ポスト構造主義の基本理念」、仲正昌樹ほか『現代思想入門』PHP研究所、二〇〇七年、一〇六―一〇九頁。

ブラウン、ダン『インフェルノ』（越前敏弥訳）上・中・下巻、角川書店、二〇一六年。

ベイントン、ローランド『戦争・平和・キリスト者』（中村妙子訳）新教出版社、一九六三年。

ベラー、ロバート・N『社会変革と宗教倫理』（河合秀和訳）未來社、一九七三年。

保坂修司『ジハード主義――アルカイダからイスラーム国へ』岩波書店、二〇一七年。

マアルーフ、アミン『アラブが見た十字軍』（牟田口義郎、新川雅子訳）筑摩書房、二〇〇一年。

増澤知子「比較とヘゲモニー――「世界宗教」という類型」、磯前順一、タラル・アサド編『宗教を語りなおす――近代的カテゴリーの再考』みすず書房、二〇〇六年、一三〇―一四九頁。

松山洋平『イスラーム思想を読みとく』筑摩書房、二〇一七年。

マフマルバフ、モフセン『アフガニスタンの仏像は破壊されたのではない　恥辱のあまり崩れ落ちたのだ』（武井みゆき、渡部良子訳）現代企画室、二〇〇一年。

ミード、ウォルター・ラッセル『神と黄金――イギリス、アメリカはなぜ近現代世界を支配できたか』（下）（寺下滝郎訳）青灯社、二〇一四年。

毛受敏浩『自治体がひらく日本の移民政策——人口減少時代の多文化共生への挑戦』明石書店、二〇一六年。

本村凌二『多神教と一神教——古代地中海世界の宗教ドラマ』岩波書店、二〇〇五年。

森孝一『宗教からよむ「アメリカ」』講談社、一九九六年。

山内進『十字軍の思想』筑摩書房、二〇〇三年。

山折哲雄「一神教」、『世界大百科事典』第二巻、平凡社、二〇〇七年、四三〇頁。

山我哲雄『一神教の起源——旧約聖書の「神」はどこから来たのか』筑摩書房、二〇一三年。

ユルゲンスマイヤー、マーク『ナショナリズムの世俗性と宗教性』（阿部美哉訳）玉川大学出版部、一九九五年。

——『グローバル時代の宗教とテロリズム——いま、なぜ神の名で人の命が奪われるのか』（古賀林幸・櫻井元雄訳）明石書店、二〇〇三年。

ヨーダー、ジョン・H『イエスの政治——聖書的リアリズムと現代社会倫理』（佐伯晴郎、矢口洋生訳）新教出版社、一九九二年。

——『愛する人が襲われたら——非暴力平和主義の回答』（棚瀬多喜雄訳）新教出版社、一九九八年。

吉見俊哉『大学とは何か』岩波書店、二〇一一年。

ヨプケ、クリスチャン『ヴェール論争——リベラリズムの試練』（伊藤豊、長谷川一年、竹島博之訳）法政大学出版局、二〇一五年。

リオタール、ジャン＝フランソワ『ポスト・モダンの条件――知・社会・言語ゲーム』（小林康夫訳）水声社、一九八九年。
リューサー、ローズメアリ・ラドフォード『性差別と神の語りかけ――フェミニスト神学の試み』（小檜山ルイ訳）新教出版社、一九九六年。
ルター、マルティン『ルター著作集』第一集第九巻、聖文舎、一九七三年。
レモン、ルネ『政教分離を問いなおす――ＥＵとムスリムのはざまで』（工藤庸子、伊達聖伸訳）青土社、二〇一〇年。
Dunnill, John, *Sacrifice and the Body: Biblical Anthropology and Christian Self-Understanding*, Routledge, 2013.
Ramsey, Paul, *The Just War: Force and Political Responsibility*, Charles Scribner's Sons, 1968.
Shani, Giorgio, *Religion, Identity and Human Security*, Routledge, 2015.

【著者】
小原克博（こはら かつひろ）
1965年大阪生まれ。同志社大学大学院神学研究科博士課程修了。現在、同志社大学神学部教授、良心学研究センター長。
著書に『キリスト教と現代』『EU世界を読む』（いずれも共著、世界思想社）、『神のドラマトゥルギー』（教文館）、『よくわかるキリスト教@インターネット』（共著、教文館）、『原理主義から世界の動きが見える』（共著、PHP新書）、『宗教のポリティクス――日本社会と一神教世界の邂逅』（晃洋書房）、『原発とキリスト教』（共著、新教出版社）などがある。

平 凡 社 新 書 8 6 5

一神教とは何か
キリスト教、ユダヤ教、イスラームを知るために

発行日――2018年2月15日　初版第1刷

著者――小原克博

発行者――下中美都

発行所――株式会社平凡社
東京都千代田区神田神保町3-29　〒101-0051
電話　東京（03）3230-6580［編集］
　　　東京（03）3230-6573［営業］
振替　00180-0-29639

印刷・製本―図書印刷株式会社

装幀――菊地信義

ISBN978-4-582-85865-5
NDC 分類番号160　新書判（17.2cm）　総ページ240
平凡社ホームページ　http://www.heibonsha.co.jp/